I MALI CHE AFFLIGGONO
GLI ITALIANI 3

GIUSEPPE CICCIA

I mali
che affliggono
gli Italiani 3

*Il male peggiore del secolo è l'indifferenza
ai problemi reali del Paese.*

INDICE

INTRODUZIONE

Il declino incessante che ha colpito l'Italia in questi anni ha segnato la fine di un benessere e di una spensieratezza che non vedevamo dai tempi della "dolce vita". Sì, proprio quella raccontata nel film da Federico Fellini negli anni '60, dove segnava il distacco dall'aria calda di casa, verso il vento fresco, ma inquieto della primavera, il passaggio dall'adolescenza alla gioventù.

Se ci ripenso, vedo la fila lunghissima di spider e di paparazzi delle notti brave di Via Veneto, i ricchi americani rintronati e affascinati da archi e monumenti, che, per quanto possano essere diroccati, non sono mai ruderi, i lidi deserti dell'alba, con volti attoniti, fuggevoli saluti, e suicidi di arrendevolezza.

A distanza di cinquantatré anni, e nel pieno di una crisi economica, si affaccia all'orizzonte un altro evento non meno importante per la nostra società. Il nostro Paese è passato dalla spensieratezza della Dolce Vita raccontata da Fellini, alla decadenza della Grande Bellezza raccontata da Paolo Sorrentino nel suo film. Questa, segna il distacco di una Roma effimera e imponente, perduta nell'eterno gioco, di essere sempre diversa e sempre uguale a se stessa, delle lunghe passeggiate in improbabili penombre, tra aristocrazia ormai consegnata alla decomposizione necrotica dell'irrilevanza polverosa e opulenta, e la plutocrazia stravaccata sui divani delle grandi terrazze delle feste da ballo e da sballo, il distacco dalla nostra perdita d'identità, dal non essere più né carne né pesce. E' questa la vecchiaia, il passaggio, l'addentrarsi da una vaga anzianità alla vetustà vera e propria, lasciandosi alle spalle miti, ideali mai realizzati, forse mai realmente voluti e creduti, mentre continuano ad alternarsi i giorni e le notti, in una città dove c'è chi se ne va a dormire quando gli altri si svegliano. Mentre a Roma va in scena la grande bellezza, in un altro luogo, forse a Milano, o altrove, c'è il denaro e la giusta concentrazione lavorativa. In mezzo a tutte le cose scorre il Tevere sotto i ponti di tutte le epoche storiche, al posto dello snodarsi di Via Veneto tra i locali alla moda, come un segno, una ruga della città, a sua volta evidente passaggio di decadenza.

Non si può abbandonare tutto questo, ma il Tevere, inesorabile scorre. Ma forse è così per tutti quei luoghi che appartengono allo spirito, più che alla storia. I Romani sono indifferenti alla loro eterna decadenza; purtroppo, questo, non è solo un problema di Roma, ma di tutto il Belpaese! Quale altra metamorfosi dobbiamo aspettarci in futuro?

La morale che traggo da tutto questo è che ci troviamo di fronte l'ipotesi che la decadenza è il nostro brodo primordiale, il liquido amniotico nel quale, da sempre, siamo immersi e sguazziamo quasi felici.

Oggi, tutto è cambiato, la società si evolve a un ritmo velocissimo, e lo stile di vita di una volta è oramai evaporato, ma non per questo non ci riteniamo capaci di raddrizzare le sorti del nostro paese, con audacia e caparbietà.

In questo viaggio attraverso l'Italia, vorrei raccontare alcuni fatti che in questi ultimi anni di storia del nostro Paese hanno cambiato in modo radicale la vita degli italiani.

I mali che affliggono il nostro Paese in questo momento, sono tanti, e non basterebbe un solo libro per contenerli tutti, ma auspico che la buona volontà degli italiani, soprattutto da parte dei nostri governanti possa affrontarli con impegno e serietà, e sarebbe davvero un bel passo avanti per la nostra amata Italia!

LA LEGGE ELETTORALE

Il 25 gennaio del 2017, la Consulta si è pronunciata in merito alla legge elettorale attuale, quella sull'Italicum, dichiarandone la parziale illegittimità, e stabilendo così una nuova legge base, più equa dal punto di vista costituzionale e un invito al legislatore a garantire una maggioranza omogenea, sia alla Camera, sia al Senato.

Dopo una serie di motivazioni, le forze politiche ne presero atto, e con l'accordo dei partiti di maggioranza avrebbero dovuto modificare il testo base in alcuni punti, rendendolo definitivo, e col quale gli elettori sarebbero poi andati al voto per rinnovare il Parlamento.

Il testo base approvato dalla Consulta, era il punto di partenza sul quale lavorare per apportare eventuali emendamenti. Inizia così l'iter per definire una nuova legge elettorale, fatta di incontri serrati e approcci vari, non priva di difficoltà, da parte delle forze politiche di maggioranza: il PD, il M5S, Forza Italia e LegaNord.

Dopo aver accantonato l'Italicum e il Mattarellum, si affaccia un altro nome alla ribalta: il Rosatellum. Questa nuova proposta avrebbe garantito la purezza del sistema proporzionale, inoltre, prevedeva una soglia di sbarramento al 5%, su base nazionale, mentre nel Mattarellum era al 4% e nell'Italicum al 3%. Con questa legge, si sarebbe andati al voto con un'unica scheda elettorale, come il sistema tedesco; in pratica, si doveva barrare il nome del candidato del collegio uninominale, e apporre una croce sul simbolo del partito. Dopo vari aggiustamenti e ripetuti incontri tra i partiti, questi decisero alla fine di adottare il sistema elettorale simile al modello tedesco, con sbarramento al 5%, facendo infuriare tutti gli altri partiti che si trovano sotto questa soglia e alimentando motivi di malumore e incostituzionalità, anche tra quelli che si trovano attualmente al governo.

Passa il tempo e nessuno dei partiti prende l'iniziativa per trovare un accordo definitivo. Quanti mesi ancora dovranno aspettare gli italiani per avere una legge elettorale largamente condivisa, che permetta di andare subito al voto? I continui balletti tra i partiti, le intese rimandate, gli incontri inconcludenti tra le varie forze politiche, stanno tenendo tutti col fiato sospeso. C'è il rischio calcolato, che anche stavolta sia soltanto un mucchio di parole e nient'altro. Finalmente, a distanza di sei mesi dal referendum costituzionale, e dopo la decisione della Consulta di rivedere il testo base, i partiti s'incontrano per far approvare una legge elettorale di grandi intese.

Sorpresa! Un'altra tegola (ahimè) è caduta sulla testa degli italiani: quella sulla legge elettorale. Peccato, era davvero una grande opportunità, poter andare a votare secondo il modello tedesco.

Per un attimo, gli italiani ci hanno creduto e hanno pensato: finalmente, è cosa fatta, ora diventa tutto più semplice, le forze politiche sono riuscite a raggiungere un accordo, è solo questione di pochi giorni e così possiamo andare votare per mezzo di una legge chiara e trasparente, che mette d'accordo tutti i cittadini. Invece, si è trattato di un'ennesima beffa.

Che vergogna! Ancora una volta abbiamo assistito alla presa in giro da parte dei nostri politici, quelli, per intenderci, che dovrebbero governarci alle prossime elezioni politiche! Il prossimo appuntamento elettorale? Il 2018. Possiamo sperare che succeda qualcosa prima di quella data? Credo proprio di no, e visti i risultati ottenuti in questi giorni, credo sia opportuno prendere le distanze da chi ci ha raccontato falsità!

IL TORMENTONE REFERENDARIO

Come si sono preparati gli Italiani al voto sul referendum del 4 dicembre 2016? Vediamo in sintesi com'era articolato il referendum costituzionale:

1. Sappiamo tutto?

Con il referendum costituzionale del 4 dicembre 2016 si va a votare a favore o contro la riforma Boschi-Renzi. Perché votare Sì e perché votare No? I cittadini, bombardati dal fronte del Sì e da quello del No, continuano a non sapere esattamente cosa votare. Il dibattito sul referendum costituzionale ha preso il via e si è consumato in piena campagna elettorale durante le amministrative di giugno, creando ancora più confusione tra gli italiani

già impegnati a votare sindaci e consigli co-
munali. Lasciate le elezioni alle spalle, però, i
dubbi sul referendum costituzionale non sono stati sciolti. Anzi, in un panorama politico
come quello attuale in cui il PD prosegue sulla via del Sì senza rispondere al fronte del No
con lo stesso impeto, non è chiaro cosa cambia con il Sì al referendum e perché potrebbe
essere meglio votare No.
Che la vittoria del Sì al referendum del 4 dicembre confermi la modifica ad alcuni articoli della Costituzione così come proposto dalla
Boschi è ormai chiaro a tutti, ma cosa dice la
riforma costituzionale e a cosa precisamente
dovremo dire Sì o No?

2. Perché è stato indetto?

Gli italiani sono stati chiamati a dire sì o no
alla proposta di legge Boschi sulla riforma
costituzionale perché in sede di votazione in
Parlamento il ddl non ha ottenuto la maggioranza dei voti. La decisione della sua entrata
in vigore spetterà, dunque, ai cittadini. Il referendum costituzionale 2016 è molto importante perché si deciderà se cambiare oppure
no alcuni punti cardine del testo della Costi-

tuzione così come lo conosciamo, quindi è bene arrivare preparati e consapevoli riguardo il ddl Boschi e le posizioni favorevoli e contrarie. Per cosa si andrà a votare il prossimo novembre (o dicembre, come sostengono alcuni)? Il testo della riforma Boschi introduce diverse novità, tra cui l'abolizione del bicameralismo paritario, la riduzione del numero dei parlamentari, la modifica del quorum per l'elezione del presidente della Repubblica e l'aumento del numero delle firme necessarie per proporre un referendum.

3. Come funziona?

Per questo tipo di referendum, chiamato anche confermativo o sospensivo, non è necessario il raggiungimento del quorum. Diversamente dal referendum abrogativo - come quello di aprile sulle trivellazioni, per intenderci - non servirà il 50% dei voti più uno e, a prescindere dal numero di partecipanti, vincerà l'opzione (Sì o No) che ha ottenuto la maggioranza dei voti. Su cosa esattamente verrà espressa la propria preferenza? Gli aventi diritto al voto saranno chiamati a pronunciarsi in favore o contro tutto il testo della riforma, per cui o si accetta tutto o si respinge tutto.

Ecco il perché della proposta del M5S e delle opposizioni di dividere i quesiti usufruendo dell'apposita legge.

4. Perché votare SI?

Ecco alcune buone ragioni per votare Sì al referendum costituzionale di novembre 2016:

–Addio bicameralismo: si supera il meccanismo con cui le leggi vengono passate da . Senato a Camera e tutte le lentezze e i ritardi che ne derivano;

–il fatto che solo la Camera debba concedere la fiducia al governo implica l'instaurazione di un rapporto di fiducia esclusivo con quest'ala del parlamento;

–la diminuzione del numero dei parlamentari e l'abolizione del Consiglio nazionale dell'economia e del lavoro (CNEL), porterà notevoli risparmi;

–grazie all'introduzione del referendum propositivo e alle modifiche sul quorum referendario aumenterebbe la democrazia diretta;

–il Senato farà da "camera di compensazione" tra governo centrale e poteri locali, quindi diminuiranno i casi di contenzioso tra Stato e Regioni davanti alla Corte costituzionale.

5. Perché votare NO?

I motivi per cui gli italiani dovrebbero opporsi all'approvazione della riforma Boschi-Renzi-Verdini si possono così riassumere:

–si tratta di una riforma non legittima perché prodotta da un parlamento eletto non dal popolo ma con una legge elettorale (Porcellum) dichiarata incostituzionale. Inoltre, anche agli amministratori regionali e locali si va a garantire l'immunità parlamentare;

–non è una riforma scritta in modo chiaro e semplice e, soprattutto, non è stata prodotta per iniziativa libera del parlamento, ma sotto dettatura del governo;

–il bicameralismo non viene davvero superato, come dice il governo, bensì reso più confuso creando conflitti di competenza tra Stato e Regioni e tra Camera e nuovo Senato;

–non crea semplificazioni per quanto riguarda il processo di produzione delle norme, anzi lo complica: dalle nuove norme su Senato e procedura legislativa deriverebbero almeno 7 procedimenti legislativi differenti;

– i costi della politica non vengono dimezza-
ti: con la riforma si andrà a risparmiare circa
il 20%, ma in realtà sono in arrivo nuove in-
dennità al rialzo per i funzionari parlamentari;

–l'ampliamento della partecipazione diretta
dei cittadini comporterà l'obbligo di raggiungimento di 150mila firme (attualmente ne
servono 50mila) per i disegni di legge di iniziativa popolare;

–non garantisce la sovranità popolare: insieme alla legge Italicum, che mira a trasformare
una minoranza in maggioranza assoluta di
governo, espropria il popolo dei suoi poteri e
consegna la sovranità nelle mani di pochi.

Tutto chiaro?

Tanti cittadini, non avevano capito bene perché erano andati a votare. Le motivazioni a
favore del SI o del NO, erano tante, al punto
di diventare incomprensibili grazie ai continui e ripetuti talkie show in tv e le notizie ri-
portate dai giornali.

Il tormentone politico profuso attraverso i
media, a più riprese, dalla mattina alla sera, li
ha letteralmente ubriacati, e se qualcuno si

era fatto anche una timida idea di questo referendum, al fine di capirci qualcosa, il giorno seguente questa convinzione era già evaporata. Davvero, non ne potevano più!

Si sentiva, da più parti, che le sorti dell'Italia dipendevano dall'esito del referendum, nel senso che si poteva andare verso un ribaltamento del governo in caso di vittoria del No, non solo, ma si poteva prospettare, sempre in caso di vittoria del NO, il rischio, forse voluto, di uscire dall'Europa.

Ho sperato tanto che quel giorno gli Italiani andassero a votare numerosi e votassero con la testa, consapevoli di rendere il nostro Paese, attraverso l'espressione del voto, più democratico e più rispettoso della nostra Costituzione.

Con questo patema d'animo, gli Italiani andarono a votare, sereni e fiduciosi, certi d'aver fatto il proprio dovere di cittadini!

CHI HA AUTORIZZATO IL FUNERA-LE?

Giovedì 23 agosto 2015.

La vicenda: Oggi si sono svolti a Roma nella Chiesa Don Bosco i funerali di Vittorio Casamonica. La salma è arrivata in una carrozza nera trainata da sei cavalli. In sottofondo la colonna sonora del film *Il padrino* mentre da un elicottero cadevano petali di rosa.

Il sacerdote che ha celebrato la funzione, don Giancarlo Manieri, si è difeso: «Lo rifarei, è il mio mestiere». Il prefetto di Roma Franco Gabrielli ha preparato un dossier trasmesso al ministro dell'interno Alfano, dopo gli approfondimenti chiesti a carabinieri, vigili urbani e questura. Le forze dell'ordine sono state sfiorate dalle polemiche per la vicenda delle autorizzazioni date al figlio di Vittorio

Casamonica, agli arresti domiciliari, e altri due parenti, di prendere parte al funerale. Dall'Arma parlano di «procedure rispettate». Intanto l'Enac ha sospeso la licenza al pilota dell'elicottero: si tratta di un ex dipendente dell'Alitalia.

Il funerale, ovviamente, ha scatenato l'ira del Vaticano. L'osservatore Romano ha detto: «Nella Chiesa non c'è spazio per zone d'ombra, e quel corteo funebre è stato uno scandalo».

In effetti, le esequie trionfali del boss Vittorio Casamonica sono state uno scandalo, uno spettacolo mediatico, la strumentalizzazione chiassosa e volgare di un gesto elementare di pietà umana e cristiana. Quanto a don Giancarlo, il parroco della chiesa di Don Bosco che ha celebrato la funzione, sul quotidiano della santa sede l'arcivescovo di Catanzaro, monsignor Vincenzo Bertolone, invita i preti «alla massima prudenza e al discernimento, perché la messa non venga strumentalizzata». Con un consiglio: «In certi casi sarebbe bene sentire prima il proprio vescovo». Per don Paolo Lojudice, vescovo ausiliario di Roma sud «don Giancarlo ha fatto quello che doveva, ora però smetta di ripetere che lo ri-farebbe».

Ieri a dire messa c'era il vice don Franco: «I funerali, uno scandalo? Lo devono dire alla Prefettura, al Municipio. E comunque non sapevamo fosse un boss. La gente pensa che siamo collegati con la mafia dei Casamonica, ma non abbiamo niente a che fare con loro».

Ci si chiede: «Le forze dell'ordine sapevano del funerale»?

Tre autorizzazioni sono state trasmesse ad altrettanti Casamonica ai domiciliari. Tre vie libere della Corte d'Appello che, una volta consegnati al destinatario, sarebbero svaniti fra le comunicazioni ordinarie della Questura o rimasti nel cassetto di presidi periferici. Questo dettaglio è valorizzato dalla relazione che il prefetto Franco Gabrielli ha trasmesso al ministro dell'Interno Angelino Alfano. Ed è interessante pesare la «leggerezza» o le «falle» nelle comunicazioni che avrebbero consentito di celebrare il funerale a base di petali di rosa e note de «Il Padrino».

In parallelo sono partite indagini della Squadra Mobile su quanto è accaduto quel giovedì. Le immagini sul funerale non mancano, mentre si stanno acquisendo anche quelle delle telecamere stradali. E' presto per ipotizzare qualunque reato e non è stato ancora aperto un fascicolo da parte della procura, ma è in corso una ricognizione per ricostruire i fatti che finiranno sul tavolo del procuratore Giuseppe Pignatone.

Le indagini dovrebbero far luce anche sulle motivazioni per così dire «politiche» delle esequie-kolossal. Perché il clan avrebbe preferito una scena tanto sfarzosa (e rumorosa) anziché una cerimonia di profilo più basso? Vittorio Casamonica era malato e forse non più operativo. Ma chi sfilava?

La relazione della prefettura mette assieme tre rapporti, quello dei vigili urbani, il secondo dei carabinieri e un terzo della Questura. Un'impresa, visto il rimpallo di responsabilità delle ultime ore. Quanto ai permessi dell'autorità giudiziaria, due dei Casamonica da «liberare» per mezza giornata affinché potessero partecipare alla celebrazione del lutto, sarebbero stati avvisati dallo stesso commissariato della Romanina. Il cui dirigente, avrebbe avuto informazioni sufficienti per pesare l'evento. Un terzo via libera della Corte d'Appello, arrivato in ritardo, fu invece trasmesso dai carabinieri agli agenti del commissariato competente perché se ne occupassero, soltanto la mattina del funerale. Ma il raduno era annunciato. Come del resto ha confermato il difensore di Antonio Casamonica, Mario Giraldi: «Siamo stati autorizzati dalla Corte d'Appello, è impossibile sostenere che le forze dell'ordine non fossero a conoscenza delle esequie».

Il comitato dovrebbe sciogliere una serie di dubbi. Primo: chi ha avvisato i vigili urbani intervenuti sulla piazza della Basilica? I Casamonica sostengono di essere stati loro. Per il comandante dei vigili di zona sarebbero stati, invece, i cittadini inviperiti per il traffico. Differenze abissali che potrebbero risolversi acquisendo i dati sugli orari delle chiamate.

Anche sull'elicottero, dubbi e provvedimenti non sono archiviati, poiché è stato denunciata l'aggressione nei confronti di un giornalista, Alessio Viscardi, minacciato di morte presso l'eliporto di Terzigno (Napoli) dal quale era partito l'elicottero utilizzato per il funerale. Il giornalista stava cercando i titolari della struttura per chiedere come mai i Casamonica si fossero rivolti proprio a un'elipista distante 200 km da Roma e perché

il pilota- cui l'Enac ha poi sospeso la licenza-
abbia deviato dal piano di volo stabilito sor-
volando una zona vietata. Ma mentre era lì,
sono arrivate quattro persone in auto e
l'hanno aggredito.

I petali di rosa lanciati da un elicottero ai
funerali del boss Casamonica preoccupano
anche per motivi di sicurezza. Quanto avvenuto è preoccupante e ci fa riflettere sul fatto
che siamo sempre esposti a rischi. Non solo
l'elicotterista si è abbassato sotto la soglia
consentita, ma ha anche eseguito una devia-
zione senza comunicarne il motivo e lanciato
petali senza autorizzazione.

Qualcuno pagherà, certo. Cadrà qualche
testa, oltre a quella del pilota dell'elicottero
che –fuori rotta- dispensava petali di rosa sul
corteo funebre del capoclan. Ma, alla fine, il
pasticciaccio mondiale generato dalle esequie
di Vittorio Casamonica nella periferia romana del quartiere Don Bosco racconta su di
noi, forse su molti di noi, qualcosa di molto
più antico e radicato d'una catena di omis-
sioni e colpe. E ci rivela, di quella cerimonia
megalomane, l'eterna dialettica tra spirito civile e spirito arrogante.

Già, perché a rendere possibile un corteo di tre pariglie di cavalli con tanto di carro funebre d'epoca rispolverato, con scorta di autopattuglie di vigili urbani a bloccare il traffico attorno e di squadre di motociclisti del clan a intonare il *Padrino* e poster con «zio Vittorio» vestito da Pontefice affisso alle colonne della chiesa sotto il naso del parroco, il tutto condito dall'assenza di comunicazioni tra gli uffici e i comandi di zona fino alle stanze del prefetto di Roma, beh, a rendere possibile tutto questo con raffiche di telefonate indignate degli abitanti del quartiere al 112 o al 113 (oltre l'indignazione successiva, come sempre, sui social network), beh, ci vuol altro che qualche omissione. Questa faccenda interpella non solo i romani ma tutti i cittadini italiani!

«Lo spirito pubblico in Italia è tale, che, salvo il prescritto dalle leggi e ordinanze, lascia a ciascuno quasi intera la libertà di condursi in tutto il resto come gli aggrada», annotava Giacomo Leopardi, confrontando il nostro Paese alle nazioni più evolute. Questa storia d'italiani che si girano dall'altra parte badando «alle proprie cose», deve aver tormentato anche Antonio Gramsci che considerava lo spirito pubblico, il tratto distintivo di una nazione.

La sceneggiatura funebre al Don Bosco ci restituisce soprattutto questo: il senso sconfortante che nulla cambi mai, se non per qualche eroe, che, essendo dotato di sufficiente spirito pubblico da badare al bene comune prima che al proprio, finisce col pagare in solitudine la propria normalità, salvo consacrazione postuma come Falcone e Borsellino.

E' il trionfo della prepotenza e dell'arroganza, negazione del bene comune: «Reputare segno di debolezza o di vigliaccheria ricorrere alla giustizia ufficiale». Al quartiere Don Bosco, quel giovedì mattina, non è stata scritta solamente un'indegna pagina della cronaca romana; non soltanto una nuova appendice della crisi politica e morale della Capitale d'Italia senza alcun rimedio: s'è recitata per l'ennesima volta una collaudata commedia nazionale!

Questa storia è di quelle che fanno riflettere: all'arroganza degli uni corrisponde da sempre il «quieto vivere» degli altri, quel morbo contagioso di codardia morale che ancora oggi non si è riusciti a debellare. Non siamo cambiati. Ora possiamo anche fingere stupore, cercare qualche capro espiatorio, ma la campana funebre di «zio» Vittorio suona per tutte le nostre coscienze.

Quel giovedì le istituzioni non hanno funzionato per il funerale di Casamonica a Roma. Tutto ciò è preoccupante poiché eventi spiacevoli possono ripetersi e svilupparsi indisturbati nelle periferie, senza che le autorità se ne avvedano. Il funerale-manifestazione ha lasciato il vuoto: i vigili hanno regolato il traffico, la stampa c'era, il rito è stato celebrato. La città l'ha avvertito solo vedendolo in televisione. E' un episodio rivelatore di come il tessuto di Roma sia smagliato. Questo episodio avviene dopo la severa operazione di Mafia Capitale del procuratore Pignatone. La mafia c'è. Una mafia alla romana, che non incontra resistenza. I Casamonica vivono alla Romanina, fuori dal raccordo anulare. Hanno scelto di celebrare il funerale non nella parrocchia di quartiere, ma in una chiesa imponente, con una grande cupola e una vasta piazza, nella periferia storica di Roma, non lontano da Cinecittà. Qui, nel 1952, Pio XII volle la grande chiesa affidata ai salesiani, per marcare la presenza nell'area est della città, popolare e in espansione. Per un'ora, i Casamonica ne hanno fatta la loro «cattedrale», riempiendo la piazza con simboli: dalla periferia la loro presenza è sembrata una sfida alla Roma dei palazzi del centro. La compattezza comunitaria nel dolore attrae - più di quanto si possa credere - nel vuoto delle periferie, tra i soli e i disperati. Nelle vaste periferie di Roma non resta più nessuna rete. Nel dopoguerra, furono le reti sociali a «fare» i romani emigrati dal Sud nella capitale: le sezioni del Pci, la Chiesa, tante organizzazioni... Negli anni Settanta, la periferia fu messa al centro del dibattito politico, creando legami e portando i periferici a partecipare compatti. Tutto questo si è dissolto, lasciando un grande vuoto tra gente e istituzioni. Roma è spaccata. La gente è sola con una vita difficile. Le famiglie sono diventate più fragili; le comunità si sono in pratica dissolte. Nessuno si è accorto del funerale di giovedì, perché non esiste comunità. Un fatto simile nella Primavalle degli anni Settanta sarebbe stato impossibile. A Trastevere di vent'anni fa un corteo così non sarebbe entrato. E il quartiere di Don

Bosco, in passato, si sarebbe allertato. Oggi sono tutti mondi di gente isolata, che fatica a vivere una reazione collettiva. Questo spiega anche la difficoltà d'integrazione dei gruppi d'immigrazione: i romani si percepiscono fragili di fronte ai nuovi venuti, pur essendo maggioritari e forti.

Resta nelle periferie la Chiesa. Se n'è percepita la fragilità al funerale a Don Bosco, quando gli amici del defunto hanno tappezzato la facciata del tempio con discutibili manifesti. Che poteva fare il parroco isolato all'interno? Fa pensare che non esista una rete che renda consapevoli di quel che sta accadendo. Gli organizzatori della cerimonia hanno voluto un rito ordinato: si sono così impadroniti di un simbolo, incasellando nel loro scenario. E' la tipica ricetta «mafiosa» di legittimazioni nella tradizione religiosa. Il problema non è la «scomunica ai mafiosi», ma l'infragilimento di una Chiesa con poco spessore popolare: un prete di fronte a un gruppo compatto che celebrava il suo lutto.

La politica sembra lontana, ha bisogno del voto dei cittadini, ma non interfaccia con loro, che votano sempre di meno. Così, indifferente ai dibattiti sul Campidoglio, Roma si avvia a essere una grande periferia con gli aspetti critici delle megalopoli del mondo. Si aprono spazi per reti illegali, magari tra «il mondo di sotto» e quello «di sopra». Roma è città senza centro e – oggi come mai - senz'anima. Colpa della politica? Certo, ma anche di quanti faticano a fare una seria autocritica. Nel vuoto delle periferie, tra tentazioni di ribellismo e reti illegali, resta poco. Non così poco, però, per far ripartire un processo costituente di senso civico e di riflessione sulla capitale. L'episodio di giovedì scorso può essere l'occasione per superare un dibattito politico bloccato e guardare a Roma in modo nuovo, perché non si può accettarne ulteriormente il deterioramento.

IL CAPOLARATO

Il caporalato è un fenomeno criminale avente per oggetto lo sfruttamento della manodopera lavorativa, con metodi illegali.

Si definisce "*caporale*" il soggetto che, solitamente nelle primissime ore del giorno, adesca manodopera giornaliera, di solito non specializzata, per farla lavorare abusivamente ed illegalmente in diversi settori, i più diffusi riguardano il lavoro nell'agricoltura (lavoro nei campi) e in cantieri edili abusivi.

Il fenomeno è molto diffuso in Italia, soprattutto nel mezzogiorno, ed è spesso collegato a organizzazioni malavitose. Esso generalmente trova grande riscontro nelle fasce più deboli e disagiate della popolazione, ad esempio tra i lavoratori immigrati (come gli extracomunitari). Anche il Nord non è da meno. Lo sfruttamento della manodopera a basso costo in agricoltura è prassi diffusa non solo nelle regioni del Sud, ma anche in Toscana, Emilia-Romagna, Piemonte, Lombardia e provincia di Bolzano.

Il fenomeno del caporalato è ancor più diffuso con i recenti movimenti migratori provenienti dall'Africa, dalla Penisola Balcanica, dall'Europa orientale e dall'Asia: infatti chi emigra clandestinamente nella speranza di migliorare la propria condizione finisce facilmente nelle mani di queste persone, che li riducono in condizioni di schiavitù e dipendenza. Nel gennaio 2010 i lavoratori extracomunitari di Rosarno in Calabria organizzano una serie di manifestazioni contro i caporali, la tensione sfocia in una escalation di violenza tra braccianti e abitanti del piccolo centro calabrese. Il 26 aprile 2010 sono arrestati a Rosarno 30 caporali, sfruttavano lavoratori extracomunitari che erano costretti a lavorare in condizioni disumane nei campi, raccogliendo agrumi coltivati nel rosarnese, con turni di lavoro pari a 15 ore al giorno, l'inchiesta ha consentito inoltre di fare luce su un sistema di truffe perpetrate ai danni degli enti previdenziali. Sul piano patrimoniale, sono stati sequestrati duecento terreni e venti aziende agricole per un valore complessivo di dieci milioni di euro. Il 5 giugno 2011 a Villa Castelli nell'ambito dell'operazione *Little Castle* dalla Guardia di Finanza sono sequestrati beni per un totale di un milione e mezzo di euro.

Il codice penale italiano, ha introdotto il nuovo reato di *intermediazione illecita e sfruttamento del lavoro*. Le pene previste per i cosiddetti "caporali" sono la reclusione da cinque a otto anni e una multa da 1.000 a 2.000 € per ogni lavoratore coinvolto. Le inchieste giornalistiche del 2015 mostrano che il fenomeno continua ad aver diffusione anche nei confronti di donne italiane durante le campagne di raccolta dell'uva e delle fragole. I media hanno riportato, in un caso tragico che ha fatto scalpore che l'azienda pagava regolarmente l'agenzia di lavoro interinale, mentre alla lavoratrice arrivava una retribuzione enormemente inferiore. Il governo ha annunciato il ricorso a strumenti normativi per punire gravemente, fino alla confisca dei beni, le aziende che utilizzano manodopera tramite il *caporalato*, mentre sui media si è sottolineato che il problema risiede principalmente nell'intermediazione, mascherata da forme solo in apparenza con una rispettabilità legale (false cooperative, filiali *inquinate* di agenzie di lavoro interinale).

Il ministro delle Politiche Agricole Maurizio Martina e quello del Lavoro Giuliano Poletti al termine del vertice sul caporalato alla sede del Mipaaf a Roma, hanno dichiarato: Entro due settimane sarà messo a punto dal governo un "piano d'azione organico e stabile" contro il fenomeno del caporalato e, più in generale, contro il lavoro irregolare nell'agricoltura. Mentre in tempi stretti arriverà anche una legge, che prevede la confisca dei beni per le imprese che si macchiano del reato di caporalato, "come avviene per i mafiosi", ha ribadito il ministro delle Politiche Agricole Maurizio Martina che ha aggiunto: "Il provvedimento è allo studio con il ministro della Giustizia Andrea Orlando, e sarà pronto a breve. Il governo inoltre pensa a una forma di assistenza legale, con risorse dedicate. L'annuncio è stato dato nel corso del vertice sul capolarato cui hanno partecipato oltre a Martina anche il ministro del Lavoro Giuliano Poletti e rappresentanti di governo, imprese, sindacati e Inps. Da parte sua Poletti ha chiarito che saranno rafforzate le azioni di contrasto al fenomeno: "Abbiamo già sviluppato un'azione di contrasto, lo rafforzeremo e lo metteremo assieme ad altre questioni da affrontare anche con il ministero degli Interni per quanto riguarda l'immigrazione e con il ministro della Giustizia per la confisca dei beni. Il piano è complesso - ha aggiunto Poletti - e non di breve periodo ma serve a dare una risposta culturale al fenomeno, tenendo conto non solo del danno alle persone ma anche del danno al sistema imprenditoriale". E ha concluso: "In questo vertice abbiamo raccolto indicazioni, laddove ci saranno oneri bisognerà trovare nella legge di stabilità le risorse per fronteggiare la situazione". Il fenomeno del caporalato, ha fatto notare il ministro dell'Agricoltura, "è molto delicato e con radici antiche "e per questo serve un piano di azione "ragionato", per "non fermarsi all'emergenza ma rendere strutturale l'azione di contrasto: siamo impegnati a superare definitivamente situazioni d'illegalità che arrivano da lontano". Per questo la strada intrapresa oggi è unitaria, con istituzioni, imprese, organizzazioni datoriali e sindacali e la grande distribuzione. "Non bisogna generalizzare la situazione e dipingere tutto in negativo - ha quindi concluso Martina- la stragrande maggioranza delle imprese agricole opera nelle regole e noi andremo avanti rafforzando i controlli".

Stranamente (non tanto) nella vicenda dei caporali risultano pochissime indagini penali aperte nei confronti dei caporali per i numerosi reati penali commessi da tali soggetti in combutta con i proprietari dei campi ove si produce l'ortofrutta. La quasi inesistenza delle indagini e quindi l'inesistenza di condanne penali è dovuta alla (quasi) totale assenza di controlli da parte degli ispettorati del lavoro e alla (quasi) totale assenza di campagne di controlli da parte delle forze dell'ordine che in altri campi sono efficientissime (NAS, Guardia di Finanza ecc). Eppure sono molto numerosi i controlli e le conseguenti condanne per i falsi braccianti. Perché gli ispettori che controllano i falsi braccianti non si occupano pure di indagare il fenomeno dei caporali i cui nomi sono sotto gli occhi di tutti? Perché non sono mai segnalati alla magistratura i nomi dei caporali?

Ma quando si dimette qualche sindacalista? Siamo tornati alle condizioni di lavoro di 100 anni fa e loro cosa hanno fatto? Hanno pensato solo al pubblico impiego e ai pensionati.

Basta con gli annunci! Lo Stato deve reagire alla nuova schiavitù e non continuare a fare gli interessi del padronato.

Per stroncare il fenomeno del caporalato e delle varie forme di sfruttamento in ogni settore bisogna attivare sistematici controlli territoriali sulle misure di sicurezza. Gli Enti preposti ci sono. Ma non sono ben gestiti e sono con personale insufficiente. Eppure, a cominciare dall'Inail, che ha eseguito un concorso cinque anni fa, ma ha potuto assumere solo pochi vincitori. La graduatoria è bloccata, la staffetta generazionale non si fa, non si fanno i controlli e si muore sul lavoro in maniera ignobile e fuori da ogni schema di civile convivenza. Le lotte contro il caporalato sembrano che debbano iniziare daccapo nella stessa terra di un certo Di Vittorio.

I Governanti enfatizzano successi inesistenti. Nella loro totale distrazione i lavoratori nei campi e nei cantieri muoiono nelle stesse condizioni presenti ai primi dell'800... Non bisogna promettere nuove leggi, ma far rispettare quelle vigenti!

Va bene come primo passo anche se tardivo per la lotta contro il caporalato. Ma come giustamente faceva notare un sindacalista coordinatore dell'immigrazione pugliese, che un tempo fu un bracciante e coordinò la lotta dei raccoglitori di frutta di Nardò contro lo sfruttamento disumano, se non si parla della grande distribuzione e dei grossisti che impongono alle aziende agricole di vendere i pomodori a otto centesimi per chilo, nessun imprenditore può pagare degnamente un bracciante.

E' vero che i grossisti impongono i prezzi alla aziende agricole così come è vero che in Italia entrano molti prodotti agricoli d'importazione da paesi in via di sviluppo con prezzi bassi sui quali però si sa più niente che poco. Tutti accordi presi che sarebbe ora di rivedere in modo più ampio.

Non sono completamente d'accordo. Come dire che tutti sfruttano i lavoratori ed evadono il fisco altrimenti non potrebbero sopravvivere, io la vedo diversamente: questa è la concorrenza sleale nei confronti degli imprenditori onesti più ancora delle importazioni. Se fosse colpa solo della grande distribuzione tutti i settori che la forniscono sarebbero nelle stesse condizioni, ma non è così. La storia del caporalato è molto più vecchia della grande distribuzione.

Il caporalato esiste da anni e non solo in agricoltura ma anche in altri settori, edilizia, facchinaggio, ortomercato. Quanti operai irregolari sono morti sul lavoro, quanti extracomunitari sfruttati, picchiati e poi uccisi affinché non si sapesse. Il caporalato esiste anche all'interno di molte comunità cinesi, africani che sfruttano la mano d'opera dei connazionali. Si crea un giro di sfruttamento quindi di criminalità, perché il caporalato, è proprio questo.

Ma i governi di prima cosa hanno fatto realmente contro il caporalato?

Apprezzo la buona volontà di cercare di contrastare in qualche maniera questi scandali del caporalato e del lavoro nero ma ahimè, temo che non servirà a molto.

Resto fermamente convinto che l'unico modo efficace di lottare contro l'illegalità (in tutti i settori) il crimine, la corruzione e l'evasione fiscale, sia l'abolizione della circolazione del denaro contante. Tutti gli altri sistemi sono solo, a mio avviso, dei palliativi.

Il reato di caporalato è reato di schiavitù: ridurre gli esseri umani in stato di schiavitù è un reato gravissimo per il quale deve essere prevista la galera.

Purtroppo, oggi c'è chi lavora gratis (altro che lavoro nero!), all'Expo quanti sono i giovani che sono assunti come volontari e, non percepiscono nulla? Quanti sono coloro che lavorano nei ristoranti del festival dell'unità e non percepiscono nulla?

Non si rilasciano scontrini fiscali, non pagano i diritti alla Siae, tutto senza controlli.

Sono troppo lente le confische dei beni dei mafiosi, soprattutto quando si tratta di incamerare i beni e poi venderli per produrre liquidità, sia per il governo che per il bene comune. Le casse dello stato avrebbero giovamento e così tutti noi.

Il fenomeno del caporalato oramai dilaga in tutti i settori produttivi: dall'edilizia, all'industria, alla grande distribuzione. Spesso i fornitori di manodopera - le cosiddette agenzie interinali - reclutano poveri disperati disposti a lavorare a qualsiasi condizione e in molti casi non regolarizzati. Ne consegue che per pochi euro l'ora sono costretti a fare i lavori più umili e a rinunciare a tutti quei diritti quali ferie, cassa edile, Tfr, malattia e quant'altro. L'unica maniera per stroncare il fenomeno è di abolire per legge il lavoro interinale, almeno per quanto riguarda l'agricoltura e l'edilizia, e costringere le imprese ad assumere direttamente la manovalanza, senza il paravento del caporale.

Per alcuni imprenditori il basso costo del lavoro agricolo è vitale, giacché sono a loro volta taglieggiati dai grossisti e dalla distribuzione. Certe volte per capire quanto tocca al produttore si deve dividere per dieci il costo al consumo. Con la nostra consueta debolezza di memoria abbiamo dimenticato tutte le volte in cui abbiamo saputo che i raccolti sono rimasti nei campi a marcire, perché per raccoglierli il produttore, sarebbe andato incontro a un'ulteriore perdita

Ovviamente non è solo un problema di costi. Certi lavori agricoli si devono compiere in poco tempo, pena la perdita del raccolto. Un esempio è la vendemmia che si effettua quando gli studenti sono a scuola e quando tutti vendemmiano. Per risolvere il problema si dovrebbero assumere per un tempo parziale migliaia di persone per la vendemmia come da programma, evitando qualunque interruzione: o piove o i campi sono impraticabili per il maltempo dei giorni precedenti o le cantine non sono pronte per la vinificazione. Che devono fare i produttori? Perdere l'uva o con il passa parola tra gli amici trovare le persone di buona volontà disposte a vendemmiare? Perché non prevedere i voucher per tutti i lavori saltuari? Gli agricoltori non chiedono altro.

Il caporalato si sconfigge solo punendo i datori di lavoro che trattano con i mercanti di mano d'opera, per non versare i contributi, ed erogare paghe ai braccianti molto inferiori a quelle previste dai contratti nazionali. Da trent'anni sono confiscati i beni alle mafie e le associazioni mafiose diventano sempre più forti. Ai caporali, non si può confiscare niente, poiché gli stessi sono delinquenti senza beni. I veri ladri sono quegli imprenditori agricoli che trattano con i caporali per sfruttare i poveracci.

In Italia le leggi ci sono, fin troppe, solo che non si applicano o non si sanno applicare. Bisogna confiscare i terreni dove avvengono questi reati, incarcerare e processare i proprietari e i loro giannizzeri, volgarmente chiamati caporali. Tutto il resto sono chiac-

chiere al vento, buone solo per politici inadeguati, in cerca di visibilità mediatica.

Mi chiedo se altri Enti che gestiscono il lavoro non fanno caporalato anche loro? Mi
sembra che non sia solo una scusa che sindacati e agenzie vogliano prendere tutti i guadagni che si possono ricavare da queste situazioni. Nel fare leggi e programmare siamo
perfetti. Nell'elargire moneta non badiamo a
spese. Se non sbaglio nei vari territori, esistono le Agenzie di collocamento e i Centri
per l'impiego gestiti da dipendenti pubblici?
Perché esistono i caporalati se esistono i centri per l'impiego? La schiavitù in America è
stata abolita da due secoli, nella civile Italia è
ancora tra noi.

PERCHÉ NON VOGLIAMO STRANIE-RI?

In Italia gli stranieri si sono rifatti una vita, ora ci criticano per le frontiere aperte e ci siamo beccati pure il razzismo d'importazione nel Belpaese che non si fa mancare mai nulla. Nel bene e nel male. Chi l'avrebbe mai detto? Diseredati stranieri, disperati in cerca di nuova vita, esuli, profughi, quelli arrivati a nuoto o nascosti nei Tir, piuttosto che in aereo camuffati da turisti, braccia da lavoro o da delinquenza.

Beh, una volta al «sicuro» anche tra loro si combattono. Intolleranti e sprezzanti, spesso più di coloro che accusano di xenofobia. Comunità contro, questioni di razze, etnie, religioni, color della pelle, talvolta sordide rivalità paesane. «Guerra tra poveri» si direbbe.

Forse, più semplicemente e banalmente, questione di umani istinti resi più feroci da una
pressione sociale esplosiva, si potrebbe obiet-
tare realisticamente. «No se puede vivir aqui,
troppi stranieri sono pericolosi», inorridisce
Salvadora. «Y lo digo yo que soy negra!». Già
lo dice lei che è nera. A Milano da venti anni,
ex cuoca di un console francese, cresciuta
nella Milano «bene», inorridisce camminando
per via Padova, vent'anni fa strada di negozi
e appendice verso il centro; oggi sorta di fa-
migerata enclave extraterritoriale. All'amica
italiana, che in questo nastro d'asfalto è co-
stretta a viverci, dà un consiglio: «Scappa da
qui, troppi delinquenti, troppi stranieri». Lei
nicaraguense con cittadinanza nostrana ra-
senta lo sciovinismo. Le concedessero il voto
lo darebbe a chiunque promettesse di chiudere le «nostre» frontiere. «L'etnicizzazione nei
paesi anglosassoni e in particolare negli Stati
Uniti si è sempre alimentata della competizione fra immigrati; tanti "vecchi" immigrati
inclusi in Francia sono diventati lepenisti così
come tanti meridionali del nord e del sud in-
tegrati nella Padania sono diventati leghisti. E
ora lo diventano anche i "riusciti" fra immigrati stranieri». Aggiungendo: «La cosa di cui

si parla meno, che sembra paradossale, è la salita dell'intolleranza anche interna alle popolazioni immigrate». Basta incontrarli, ascoltarli questi immigrati di vecchia generazione (o di ultima) adesso magari benestanti e professionalmente inseriti per rendersi conto di quanto spesso siano loro i primi a disprezzare i clandestini, gli ultimi arrivati «che rubano, spacciano o si vendono sotto i lampioni». Gente proveniente dai loro stessi paesi. Ecco così il piccolo artigiano albanese incazzato marcio con i connazionali sbarcati sui gommoni. Il marocchino che non sopporta l'egiziano; il sudamericano che non tollera il cinese «che apre negozi dappertutto e vende schifezze»; la domestica filippina idrofoba per la concorrenza di affascinanti badanti piombate dall'Est. Tutti contro tutti in questa Babele crudele. In corsia d'ospedale, uno a caso, uguale però a tanti altri, dove la metà del personale è frutto della globalizzazione, l'infermiera peruviana si sfoga con un paziente: «Ma com'è possibile? Io sono qui da anni, mi sono messa in regola, ho studiato, lavoro, pago le tasse. E faccio fatica a tirare avanti... E poi? Arrivano i clandestini e a loro regalate tutto, casa popolare, scuola, sanità. Non è giusto. Vi imbrogliano e voi vi fate imbrogliare.... Ah, mi raccomando: non si faccia mettere la flebo dalla mia collega, sa l'africana. Tratta i malati come bestie...». Ottimo viatico per chi già sta male. Attoniti ci si chiede: razzismo? Se a parlare così fossimo noi, i soliti demagoghi farebbero rullare tamburi di condanna. Nemmeno un mese è trascorso da quando la comunità bengalese di Pisa è scesa in piazza furente dopo l'omicidio di un connazionale. Al grido di «siamo venuti in Italia per lavorare, non per essere ammazzati». Chiaro il sottinteso, l'allusione nemmeno velata, al fatto di trovarsi di fronte a un delitto di matrice razzista. «Peccato» che, poco dopo, si sia scoperto che l'assassino era un tunisino. Perfettamente integrato. E capace di uccidere lo «straniero più di lui» così, per gioco. Ricordate, a Milano, qualche anno fa? Era estate quando un pugile ucraino scese in strada e massacrò di botte la prima donna che si trovò di fronte. Vittima una filippina, morì davanti ai passanti increduli e sgomenti. Quanti scontri, quanta violenza tra gruppi etnici diversi. Succede in carcere come fuori. Marocchini contro albanesi; coltellate tra albanesi e romeni in Puglia; bande di sudamericani di seconda generazione che si combattono per le vie delle nostre città; bulgari contro romeni; filippini contro cingalesi. L'elenco potrebbe andare avanti. «Serve un'immigrazione selettiva», suggerisce un africano elegante, qui da noi arrivato alla laurea. Su come bloccare le migliaia di disperati che approdano lungo le nostre coste, presenta la ricetta: «Vanno fermati dalle navi militari e rispediti indietro». Eccola la frontiera del razzismo. Intanto l'Italia cosa fa? Assiste rassegnata ma impotente di fronte al buonismo a oltranza dei «salotti». «Mare nostrum», somiglia allo spot di un prodotto indigesto. L'allarme rimbalza da Sud a Nord mentre a Palazzo si battibecca su come «richiamare» all'ordine i beceri tifosi pallonari. Allo stadio vietato insultarsi tra connazionali, fuori si spara. E lo Stato si arrende.

Non abbiamo capito che stiamo vivendo un cambiamento geopolitico, una svolta storica. Gli uomini politici propongono una distinzione tra immigrati economici e rifugiati, ma è impossibile separare gli uni dagli altri. Per questo è stato inventato il termine di "migranti", perché non li possiamo definire immigrati classici, ma non vogliamo neppure chiamarli rifugiati. Allora usiamo questa parola intermedia di "migranti", che evoca vagamente delle persone in marcia, non si sa bene perché, è una parola strana...La somma tra le due figure di immigrati e rifugiati provoca questa mancanza di compassione da parte dell'opinione pubblica. La gente ha la sensazione di un'invasione, ha paura di un cambiamento del nostro modo di vivere. Reagisce non con solidarietà ma con angoscia.

Si, il governo non osa educare, spiegare alle persone qual è la realtà. I politici non riescono ad affermare la necessità di una solidarietà con persone che scappano dalle guerre. Il solo che l'abbia fatto finora è il Papa, non certo i partiti tradizionali e nemmeno la sinistra. La sinistra è un po' alla deriva, non riesce a definire un progetto politico coerente di trasformazione della società, e allora rilancia sulla questione dei valori: la Repubblica, la Nazione, le frontiere. Si rifugia in un vecchio progressismo nazionalista, ma si tratta di un nazionalismo di vedute ristrette. La sinistra potrebbe esistere affermando i suoi valori storici, la tradizione di accoglienza come accadde in Francia con gli antifascisti italiani o i repubblicani spagnoli. Non possiamo dirci contro lo Stato islamico, e poi non accogliere le persone che scappano dalla sua barbarie.

Gli sbarchi sono sempre più numerosi e ci si chiede se la nostra società, da un punto di vista economico, possa sopportare questi flussi continui. Nonostante tutto, le percentuali sono abbastanza basse rispetto alla ricchezza dell'Europa. Solo che in questo clima xenofobo i politici non se la sentono di parlare di cifre, di spiegare la realtà economica. Eppure le immagini ci mostrano donne, bambini, vecchi, non "immigrati". Ci rinchiudiamo nel nostro egoismo, ma la realtà finisce per raggiungerci.

Queste persone arrivano comunque, e arriveranno ancora di più.

Vogliamo integrarli? Sono persone, non forza lavoro!

Quello dell'immigrazione è e sarà un tema cruciale e duro da governare perché richiederà cambiamenti profondi nelle forme della convivenza delle società europee e obbligherà a ridefinire l'identità europea e il senso della nazionalità e della cittadinanza. Tema ineludibile, rispetto al quale la meschinità del nostro governo di volerlo rimuovere cavalcando le paure legittime delle persone, arrecherà dei danni enormi al nostro paese ed alle generazioni future.

Tema ineludibile perché le cause dell'emigrazione restano tutte, anzi si complicano (diseguaglianze, differenze salariali, crescita economica, livelli d'istruzione dei paesi più poveri , processi di urbanizzazione diffusi in tutto il mondo, le crisi ambientali con il possibile effetto di esodo di intere popolazioni a causa di desertificazioni o inondazioni di specifiche aree, le dinamiche demografiche). Il flusso più consistente sarà dai paesi dell'Africa Subsahariana.

L'esodo che assistiamo in questi giorni con i problemi dell'accoglienza si aggiungono a quelli della integrazione delle popolazioni, soprattutto giovanili che sono parte integrante della società europea. Si rammenti poi il dato dello squilibrio demografico per cui l'Europa sarà sempre più popolazione anziana con un forte deficit di popolazione attiva. Dunque, una classe dirigente che si rispetti deve affrontare di petto e in tutta la sua complessità il problema immigrazione. Considero una buona proposta l'Agenda europea recentemente presentata dalla Commissione Europea soprattutto perché individua la centralità dell'Africa, perché propone politiche di cooperazione e di partnership con i Paesi del mediterraneo rendendoli protagonisti in modo attivo del governo dell'immigrazione.

Selezionare in loco le persone che hanno diritto d'asilo, promuovere il ritorno nei paesi di origine attraverso incentivi economici di quelli che da noi verrebbero espulsi sono misure importanti che l'Europa deve portare avanti con determinazione Altrettanto cruciale è il principio della solidarietà nella gestione delle emergenze.

Ma non si può eludere un interrogativo: perché è così difficile costruire una politica europea dell'immigrazione. Non tutto è spiegabile con la crescita dei populismi, con gli egoismi nazionali. Ravviso due questioni che attengono alla storia politica e culturale del vecchio continente.

L'immigrazione ha sempre fatto parte della storia dei singoli paesi europei ma in modo molto peculiare, fortemente intrecciato alla storia nazionale. Non si può parlare di comuni dinamiche europee dell'immigrazione o di una comune storia europea dell'immigrazione.

Queste peculiarità nazionali, questo intreccio nazione immigrazione è alla base della difficoltà da pensare a una convenienza comune e una storia comune, a forme comuni di convivenza tra nativi e migranti. E, dunque a politiche comuni.

L'altro dato, secondo me più impegnativo e duro, è che pur avendo conosciuto modelli d'integrazione diversi di altri paesi europei, di cui almeno tre hanno fatto scuola (francese, inglese e olandese), tutti e tre non hanno saputo mantenere le promesse d'integrazione. Non c'è stata integrazione sociale, soprattutto tra i giovani. Il riconoscimento delle differenze si è tradotto in tolleranza delle differenze e ghettizzazione.

Anzi, la conoscenza della lingua e della cultura del paese ospitante diventa non solo obbligo doveroso per chi arriva ma criterio di selezione per chi deve essere ammesso all'ingresso. La lingua, l'educazione civica da fattore d'integrazione e cittadinanza a fattore di esclusione.

Se la parola d'ordine delle politiche europee sull'integrazione è stata "interazione" come processo bidirezionale che deve coinvolgere e cambiare entrambi i soggetti; dialogo con l'altro e accoglimento della della sua cultura, nell'ambito dei nostri valori costituzionali, nei fatti questo non è avvenuto.

Come mai? Come mai in ciascun paese europeo è stato così non praticato ciò che con toni ed in modi diversi da tutti sostenuto: riconoscere l'altro nella sua identità e cultura?

Perché nella cultura diffusa, di noi europei – nonostante gli immigrati soprattutto nei paesi di più antica immigrazione siano ormai una popolazione integrata, che accetta regole e valori del paese ospitante – essi restano per noi forza-lavoro, lavoratori ospiti e non cittadini?

Questo in ragione del fatto che da parte delle classi dirigenti di ciascun paese europeo, di fatto, è prevalso un approccio economico corporativo al tema immigrazione.

I migranti, le loro vite, le loro culture non sono diventate ingredienti delle identità nazionali e dell'identità europea. Nel corso di tanti anni, tranne rare eccezioni, non sono stati chiamati a costruire la comunità, a concorrere a definire le scelte che la riguardano. Non sono stati incentivati a diventare attori della polis, ad occupare e praticare la scena pubblica. Sono rimasti confinati nella dimensione economica e privata. Tutto ciò con il permanere, soprattutto in noi italiani, di una concezione della cittadinanza e dell'identità italiana, come un fatto omogeneo, connesso al legame di sangue. Nonostante il cosmopolitismo della nostra cultura e gli italiani sparsi nel mondo, il sentimento dell'identità nazionale non è diventato capace di praticare la pluralità. Anche per questo facciamo fatica a sentirci europei.

La difficoltà a costruire una politica europea dell'immigrazione risiede in questa concezione omogenea e nazionalista della cittadinanza e dell'identità nazionale, che in modo diverso coinvolge ciascun paese europeo.

Può sembrare paradossale ma per costruire una politica europea dell'immigrazione, più che dalle frontiere, dall'equa ripartizione dei profughi bisogna partire dalle fondamenta: la cittadinanza europea, l'identità europea, il sentimento europeo. Non si tratta di inventare nulla ma di sviluppare concretamente il concetto di cittadinanza europea contenuta nel Trattato di Lisbona e nella Carta dei diritti umani fondamentali che contempla il riconoscimento della pluralità di culture dentro l'orizzonte dei valori universali della dignità umana, libertà, democrazia.

Il sentimento della cittadinanza europea apre alla pluralità, indica il motto dell'unità nella diversità. Può far scattare la curiosità umana e culturale verso gli italiani con il trattino, i nuovi italiani, quelli che vivono con noi da anni ma non abbiamo imparato a conoscere, continuiamo a considerarli quelli di cui non possiamo fare a meno perché fanno i lavori che non vogliamo più fare noi o coloro che ci rubano il lavoro.

Una politica europea dell'immigrazione potrà veramente esserci quando in nome dei valori europei considereremo gli immigrati non forza lavoro ma persone, cittadini portatori di una diversità che può arricchire la nostra democrazia e i nostri valori.

Ho l'impressione che non ci sia la consapevolezza di che cosa sta succedendo in

Africa: ne arriveranno sempre di più e noi non saremmo in grado di accoglierli. I fenomeni di abbandono, di sporcizia e di violenza gratuita aumenteranno e non ci saranno più buonismo e buone maniere. Allora bisogna da subito organizzare campi di accoglienza efficienti e funzionali. In questo bisogna coinvolgere l'Europa.

L'INCURIA DEL PATRIMONIO STORI-
CO E CULTURALE

In questi anni di crisi economica abbiamo ascoltato e letto ricette più o meno valide per far ripartire il Paese-Italia.

Non sono un esperto di economia o di lavoro, però forse una soluzione c'è per far ripartire l'economia e quindi l'occupazione magari giovanile del nostro Paese. In pratica il turismo culturale artistico-storico e naturalistico, attento all'ambiente potrebbe essere una risorsa formidabile per il nostro Paese.

Ci sarà una via d'uscita? Dalla crisi economica, ma non solo: da una crisi morale, che stringe questo nostro Paese contagiandolo come una malattia e provocando in molti cittadini smarrimento, preoccupazione e anche senso di tristezza, un malessere costante". E' la domanda che in questi anni molti italiani si saranno certamente fatta. Gli studiosi, tentano alcuni suggerimenti precisi e attuabili, che potrebbero consentire quel cambiamento necessario e favorire la tanta auspicata crescita, soprattutto in quelle regioni che hanno perso la loro vocazione produttiva valorizzando la potenzialità turistica. Quando a una famiglia che ha perso quasi tutto, rimane solo la casa, deve cercare di mantenerla al meglio, perché se l'abbandona, lasciandola cadere a pezzi, alla fine non rimarrà nulla da cui ripartire. Lo stesso ragionamento vale per il nostro paesaggio, per il nostro patrimonio d'arte e di natura: la casa degli italiani, dalla quale ripartire per ritrovare non solo un senso della propria identità e forse anche l'orgoglio di un'appartenenza, ma anche la strada verso un nuovo modello di sviluppo più radicato sul territorio e che tenga conto dell'ambiente".

Per fare questo naturalmente occorre che tutti, dalle istituzioni ai cittadini, convergano verso un obiettivo comune condiviso: "Preservare prima di valorizzare perché la promozione del nostro patrimonio culturale è incompatibile con l'incuria e la devastazione, una strada che si è perseguita negli ultimi vent'anni in buona parte del Paese". La situazione in cui si trova il nostro patrimonio storico, monumentale e ambientale è disastrosa. Abbiamo trascurato per decenni i segni della nostra identità, quella che per secoli il mondo ci ha riconosciuto e ha ammirato, si è rivelata una scelta sbagliata non solo per le limitazioni che ha imposto allo sviluppo di un turismo adatto al nostro Paese, ma anche soprattutto perché ha annientato qualsiasi sentimento di orgoglio nazionale del quale, oggi, in una crisi senza precedenti nella vita di questa generazione e di quelle successive, avremmo più che mai bisogno. Peraltro la colpa di queste mancanze non si possono attribuire soltanto alla crisi economica, alla globalizzazione o ai giochi speculativi della finanza, ma ci sono responsabilità nostre.

Il vizio tipico degli italiani, è quello di incolpare sempre gli altri. E' una costante il rimbalzo delle responsabilità per i problemi e per le continue emergenze che colpiscono il nostro territorio. Un altro vizio è l'accentuato individualismo degli italiani, siamo un popolo emotivo e solidale, ma troppo spesso, disattento al bene comune, nonostante il gran numero di volontari impegnati nelle varie cause sociali. Purtroppo la maggioranza degli italiani, magari è generosa per quanto riguarda certi appelli umanitari, ma non si scandalizza se il comune patrimonio culturale viene costantemente assalito da azioni che lo danneggiano in modo irreversibile. Pertanto, non è solo colpa dello Stato, del degrado del nostro patrimonio culturale e ambientale, ma anche dei cittadini che non hanno una percezione del paesaggio come bene collettivo.

Così i crolli di Pompei, simbolicamente investono non solo i beni archeologici e monumentali ma l'intera penisola, e rappresentano certamente la nostra decadenza.

Da Nord a Sud negli ultimi venticinque anni il paesaggio del nostro Paese è stato saccheggiato più di ogni altro stato occidentale. Il paesaggio costituisce la nostra identità, la nostra anima, il segno concreto di chi e che cosa siamo.

Alcuni esempi di incuria e di degrado, presenti in ogni parte del Paese, sono sotto gli occhi di tutti: costruire nelle vicinanze di una villa romana, una discarica a Tivoli vicino alla Villa Adriana, lasciare un sito archeologico in stato di abbandono come Selinunte, assediare con modesti grattacieli la Valle dei Templi di Agrigento ecc. Qualcuno sostiene pure che ci sono troppi siti archeologici, un numero elevatissimo di chiese, troppi musei, castelli, palazzi, borghi, parchi e tutti da proteggere. Purtroppo anche negli ambienti della cultura si è smesso di pensare al bello, perfino la stessa Chiesa cattolica, basti osservare certe chiese del postconcilio Vaticano II.

Nell'arena dove i Borboni allenavano i cavalli, i migliori dell'Europa del Settecento, ora si assistono a una danza macabra di saccheggiatori, vandali, topi affamati. E, allo sfregio da parte dei ladri, si aggiunge quello della pubblica amministrazione che ha lasciato che la Reggia di Caserta da gioiello architettonico diventasse un monumento al declino.

E poi c'è l'Appia Antica: sgretolata, sporca, pericolante. Quasi come le rovine di Pompei: ostaggio di cani randagi, dalle mura intrise di muffa e umidità che cadono a pezzi. E ancora il Palazzo Reale di Napoli, la Fontana di Trevi e le Mura Aurealiane a Roma, i Palazzi storici di Firenze e i tesori nascosti di Milano: un intero patrimonio artistico vilipeso, svenduto, dimenticato. E pronto a crollare – nel vero senso della parola - sotto il peso dell'incuria e della mancanza di soldi.

L'ultimo caso nella Capitale: il rivestimento di un muro del Pincio, opera del Valadier, si è sgretolato su se stesso in via Gabriele D'Annunzio. E mentre la sovrintendenza ai Beni Culturali fa il conto con cause e polemiche, l'amministrazione locale arriva al nocciolo della questione: soldi, per la ristrutturazione, non ce ne sono. A causa della crisi economica il Ministero dei Beni Culturali ha subito la riduzione del proprio budget di un terzo negli ultimi tre anni. Nonostante il patrimonio artistico italiano, "l'oro nero", come lo chiama qualcuno, abbia un valore stimato di decine di miliardi di euro nessuno ritiene importante investire per preservare questa sorta di 'tesoretto' che arriva dal passato. Su un totale di 890 luoghi simbolici scelti in tutto il mondo, infatti, l'Italia ne detiene 44, cioè 1 su 20. Dai 4.739 musei pubblici e privati, 62.128 archivi, 59.910 beni archeologici e architettonici, fino alle 1.144 aree naturali e protette.

Ma la lista di monumenti storici maltrattati, lasciati in balia del degrado e della rovina, è lunga e si srotola per tutta la Penisola. A cominciare dalla Reggia di Caserta. Lì, dove le aquile alla base dell'obelisco diventano preda ambita dai saccheggiatori e i giardini sono discariche a cielo aperto (persino di amianto), il valzer di responsabilità e "scaricabarili" da parte dell'amministrazione pubblica (priva di fondi per il restauro) non ha sortito altro effetto che quello di cederla all'asta. Prezzo di partenza: 11 milioni e 250 mila euro. Nessuno, però, finora si è fatto avanti. E il gioiello architettonico rischia di essere svenduto come un cimelio qualunque.

Ci si sposta poco più a Sud – sempre in Campania – e la situazione non cambia. Nelle rovine di Pompei, dove transitano almeno tre milioni di turisti l'anno, regnano degrado e disorganizzazione. L'ultimo crollo risale a un anno fa. E il sito storico è ostaggio di cani randagi, il cui solo censimento sarebbe costato 103 mila euro. Uno scempio documentato anche dal quotidiano francese *Le Monde* che non più di pochi mesi fa titolava a due pagine: *Pompei è ancora competenza dell'Italia?*

Stessa musica nella vicina Napoli. Dove, prima fra tutte, spicca l'incuria del Palazzo Reale. Intonaci cadenti, antico mobilio coperto da una coltre di polvere, finestre rotte, infiltrazioni d'acqua, giardini reali pieni d'immondizia e diventati ricovero per randagi e senzatetto: il palazzo simbolo della città partenopea, nel cuore della metropoli e a un passo dal golfo che il mondo intero c'invidia, è totalmente abbandonato a se stesso.

Ma gli esempi sono tanti: dai danni alle statue dei leoni di piazza del Plebiscito, imbrattate da scritte e vernice, fino all'edicola sacra di San Gennaro sul sagrato dell'antica chiesa di Santa Caterina a Formiello (patrimonio dell'Unesco), "ferita" dalle bombolette spay.

La Capitale non ne è immune. Qui, ad andare in pezzi, sono soprattutto i monumenti. Oltre alle mura del Pincio a 'soffrire' di più sono il Colosseo e la Fontana di Trevi. Il distacco di fregi di piccole dimensioni – nella vasca progettata nel 1731 dall'architetto Nicola Salvi - sono quasi all'ordine del giorno. Un brutto colpo che ricade sotto la responsabilità del Comune: Roma, infatti, è l'unica città dotata di doppia autorità per i beni culturali, una statale, chiamata Soprintendenza, e una comunale, detta Sovrintendenza.

Salendo lungo la Penisola, si arriva a Firenze. Anche qui, nella città che diede i natali al padre della lingua italiana, Dante Alighieri, la situazione non cambia. A esserne colpito è il centro storico con i suoi Palazzi medievali. Come Palazzo dei Catellini da Castiglione, in pessime condizioni di conservazione. O Palazzo Strozzi, dove è tuttora visibile il "Cornicione del Cronaca" pericolante con le transennature nelle tre porte di accesso per il pericolo di caduta calcinacci. E risale al 2009 l'allagamento, a causa di un tubo rotto, della Biblioteca Nazionale.

Neppure l'operosa Milano è graziata dall'incuria del patrimonio artistico. Monumenti in rovina, arredo urbano a pezzi o privo di criterio, discariche a cielo aperto in mezzo ai palazzi. Ma cosa si può fare, allora, per preservare i siti storici prima che sia troppo tardi o per salvare quelli ormai a pezzi? Come nel Rinascimento, ai Comuni non resta che affidarsi ai privati, moderni mecenati in grado di finanziare i lavori di restauro. E moltissime città d'arte, da Roma, Milano, fino a Venezia, hanno già preso l'iniziativa, rivolgendosi a grosse multinazionali, come la Coca Cola e H&M. Concedendo in cambio alle agenzie di rivestire fino al 50 % della superficie dell'edificio con enormi pannelli pubblicitari per tutta la durata dei lavori. E se a Roma il patron di Tod's Diego Della Valle si è aggiudicato i lavori di restauro del Colosseo con un'offerta di 25 milioni di euro, e a Venezia nel 2008 il gruppo Benetton ha acquistato il Fondaco dei Tedeschi (un palazzo del 1500, ex sede dei commercianti tedeschi a Venezia) per trasformarlo in un centro commerciale, il rischio è che si travalichi il limite. Un esempio su tutti: il palazzo Ducale della "Serenissima" avvolto da un enorme pannello pubblicitario della Coca Cola, che nascondeva interamente l'edificio rendendolo irriconoscibile. Di fronte alle proteste di turisti e cittadini, la risposta dell'amministrazione locale è stata secca ma disarmante: "Noi non abbiamo soldi, gli sponsor sì".

L'Italia è considerata, non a torto, la culla della cultura occidentale. Il suo immenso patrimonio non è concentrato esclusivamente nelle città d'arte, ma è diffuso capillarmente sull'intero territorio nazionale. Nel nostro Paese si concentra la maggiore densità al mondo di beni culturali e le emergenze monumentali cui far fronte sono davvero tante. Basti pensare alla straordinaria Villa Romana del Casale, a Piazza Armerina in Sicilia, dichiarata patrimonio mondiale dell'umanità dall'Unesco per i suoi mosaici unici al mondo, ma con un destino ancora incerto. Per non parlare di tutti quei monumenti abbandonati all'incuria o soffocati dall'inquinamento atmosferico

Numerose opere d'arte d'indubbio valore sono nascoste in centri minori, collocati fuori dai grandi circuiti e rischiano di cadere nell'oblio e nel degrado. Capolavori d'arte e di natura unici, come il santuario italico di Sulmona o l'affascinante ecosistema del Delta del Po, per non parlare degli affreschi della chiesa dell'Annunziata di Jelsi (CB), sono solo alcuni dei tesori che vengono regolarmente ignorati. I nemici dell'arte che mettono a rischio il nostro patrimonio culturale sono molti. Basti pensare a come le opere d'arte, disseminate lungo il nostro Paese come in un museo a cielo aperto, sono esposte ad agenti inquinanti come il particolato, che annerisce i marmi, o l'anidride solforosa, che corrode e sbriciola la pietra di statue e monumenti. Ma anche le strutture museali, pensate per proteggere capolavori del passato dall'usura del tempo, non sempre riescono a sottrarsi alla pressione dell'inquinamento atmosferico, che penetra in queste roccaforti dell'arte alterandone la qualità degli ambienti. Ci sono poi le calamità naturali come i terremoti e le alluvioni che oltre al carico di lutti e distruzione portano con loro danni spesso permanenti al nostro patrimonio artistico e culturale. C'è infine la cosiddetta "archeomafia" ovvero il furto e il traffico dei beni culturali.

LE OPERE INCOMPIUTE

All'Aquila i conti non tornano: a sei anni dal sisma del 6 aprile 2009, sono pochi, troppo pochi, gli edifici ricostruiti nel centro del capoluogo abruzzese e in molte delle 56 frazioni colpite.

Con circa otto miliardi e mezzo di euro spesi, la devastazione dei centri è ancora tutta lì, il tempo quasi sospeso.

I dati sulla ricostruzione forniti dal comune dell'Aquila parlano di 11.825 interventi di ripristino conclusi a fine dicembre 2103 sui 22.841 previsti. Mentre sono 18.657 le persone assistite, che vivono ancora in alloggi provvisori, di cui 11.699 nelle new town (progetto C.A.S.E L'Aquila) e 2.464 nei moduli abitativi provvisori (progetto map L'Aquila).

Un conteggio delle risorse stanziate, impegnate e spese lo fa invece il ministero della Coesione territoriale (soppresso dall'attuale governo) in una *Nota sullo stato di attuazione degli interventi per la ricostruzione e lo sviluppo dell'Aquila e degli altri Comuni* di gennaio 2014: dodici i miliardi di euro stanziati a oggi per l'emergenza, gli interventi di ricostruzione e di sviluppo per l'Aquila e gli altri comuni colpiti: 10,5 miliardi stanziati fino al 2012 a cui vanno aggiunti 1,2 miliardi stanziati nel 2013 e 600 milioni stanziati nella legge di stabilità per il 2014.

Escludendo questi ultimi 600 milioni, gli 11,4 miliardi di risorse stanziate si possono raggruppare in tre categorie: emergenza, assistenza e altro (4,7 miliardi), ricostruzione edilizia pubblica (1,5 miliardi), ricostruzione edilizia privata (5,2 miliardi). Nel complesso, sono stati impegnati 8,3 miliardi di euro e spesi 6,3 miliardi, di cui 3,5 durante la fase dell'emergenza per attività differenti dalla ricostruzione pubblica e privata.

Dei 1,5 miliardi stanziati per l'edilizia pubblica, 900 milioni sono stati impegnati da parte degli enti attuatori e 200 milioni circa sono stati spesi. Restano da impegnare circa 600 milioni.

Sui 5,2 miliardi stanziati per l'edilizia privata, 3,8 miliardi sono stati impegnati e 2,6 spesi. Rimangono da impegnare 1,4 miliardi.

A fronte dei soldi spesi, solo il 20% del centro storico dell'Aquila è stato ricostruito il resto è ancora un groviglio di ponteggi e puntellamenti, una parte dei quali necessiterebbe di manutenzione, e quel 20% è quasi tutto riferito alla ricostruzione residenziale. Soltanto una chiesa è stata restaurata e riaperta al culto. Le frazioni, poi, in molti casi sono ancora alle prese con la progettazione di un piano di ricostruzione.

E' evidente che la ricostruzione, dell'edilizia pubblica e privata, deve cambiare passo, insieme all'impegno della politica che ci auguriamo possa essere concreto, diverso da quelle promesse a effetto che hanno prodotto ben pochi risultati per la rinascita dell'Aquila e dei luoghi simbolo della sua identità, il ripristino dei piccoli comuni e il ri-

torno alla normalità della vita dei loro abitanti".

"Nonostante il tempo perso, l'Aquila deve
essere ricostruita in modo corretto e senza
speculazioni. Sono convinto che, con la volontà di portarla avanti e il dovuto controllo,
una ricostruzione ecosostenibile e all'insegna
della legalità sia possibile. L'Aquila può diventare un esempio modello di città sostenibile e un punto di riferimento per
l'urbanistica mondiale".

Cosa resta del G8 della Maddalena?

Entrando nell'androne dell'albergo super-
lusso, il lampadario da 110 mila euro si ac-
cende solo per gli occasionali invitati a una
visita spettrale.
Deserta la reception. Deserto il bar dietro
una quinta di sedie ammucchiate. Deserta la
cucina immensa con i fornelli ancora avvolti
nel cellophane. Deserta la palestra popolata
solo da robot pietosamente coperti da len-
zuoli bianchi. Deserte le stanze con i letti rifatti alla perfezione e il sapone nei bagni. Deserti i lunghi corridoi.

Ma non è la scena di un film. È il resort che nel luglio 2009 avrebbe dovuto ospitare i potenti della Terra per il G8 previsto alla Maddalena, in Sardegna, in uno scenario che non ha eguali sul pianeta Terra. Inutilizzate da anni le strutture di supporto, i negozi, i ristoranti, le piscine, il cinema, le banchine. Di quell'avventura non resta ora che un clamoroso oltraggio alla Sardegna e a tutti i contribuenti italiani. Costato finora alle casse pubbliche 470 milioni di euro. E il conto è destinato a salire.

Qualche mese fa un collegio arbitrale ha stabilito che la Protezione civile deve risarcire la società Mita Resort, concessionario delle strutture realizzate fra il 2008 e il 2010 in quella meravigliosa isola della Sardegna per il G8 fantasma, dei danni subiti. Per l'esattezza, trentanove milioni. Quali danni? I «mancati guadagni» causati dal fatto che la bonifica dello specchio di mare destinato agli yacht non è mai stata completata. Niente bonifica, niente barche. Niente barche, niente clienti. Niente clienti, nessun guadagno.

Per capire che cosa è successo, non resta che fare un passo indietro di almeno sette anni. La base della Maddalena è chiusa, i sommergibili nucleari sono stati sloggiati e i 2.600 militari americani sono tornati a casa. Molti in Sardegna tirano un respiro di sollievo. Ma non alla Maddalena. Perché la base americana teneva in piedi un bel pezzo dell'economia locale, e ora che non c'è più restano soltanto i guai. E non parliamo dei bar e dei ristoranti vuoti, ma di un grosso pezzo dell'isola da risanare. Il vecchio arsenale dirimpetto a Caprera è una specie di bomba ecologica. I muri cadono a pezzi, il porto è pieno zeppo di resti di barche e navigli affondati che nessuno si è mai curato di tirare fuori, c'è amianto dappertutto. Sistemare quel pandemonio sembra un'impresa disperata. A meno del miracoloso solito evento eccezionale. L'unico modo per fare le opere pubbliche in fretta (e senza badare a spese) che si conosca in Italia. Ecco allora l'idea. L'Italia deve organizzare nel 2009 un G8? Ebbene, si farà alla Maddalena.

A palazzo Chigi c'è Romano Prodi; presidente della Regione Sardegna è il patron di Tiscali, Renato Soru. Il G8 sarà l'occasione per risarcire l'isola che ha perduto la base americana con una bella bonifica e il rilancio dell'economia: una volta finito tutto, le strutture realizzate per l'evento diventeranno la perla turistica più splendente del Mediterraneo. Le cose, come vedremo, prenderanno purtroppo una piega ben diversa: questa volta peggio ancora della solita. All'inizio del 2008 cade il governo di centrosinistra. Torna Silvio Berlusconi, che si ritrova fra i piedi una cosa già organizzata non da lui. L'ha pensata Prodi e nonostante la sua villa Certosa sia a un tiro di schioppo dalla Maddalena, l'idea non lo fa impazzire. Ma ormai è troppo tardi. Al G8 manca poco più di un anno e non c'è tempo. Bisogna sbrigarsi. E anche qui va in scena il solito copione.

Gli appalti finiscono nelle mani delle imprese legate alla famosa Cricca che ha il monopolio dei Grandi eventi, la cui gestione è affidata da una legge assurda fatta dal precedente governo Berlusconi che il centrosinistra non ha abrogato, alla Protezione civile di Guido Bertolaso. I costi lievitano come la panna montata con la scusa dell'urgenza e del disagio perché si lavora su un'isola, anche se quella circostanza era ben nota fin dall'inizio: che la Maddalena sia in mezzo al mare non si può certo scoprire quando si apre il cantiere, ma la cosa non sembra turbare chi si vede presentare quel conto astronomico, salito in un baleno per le sole opere delle strutture dell'Arsenale da 200 a 327 milioni. Un fatto secondo il progettista, l'architetto Stefano Boeri, «assolutamente senza senso: le maggiorazioni sono giustificabili per le vere emergenze, che com'è noto sono cosa ben diversa dalle urgenze. In una situazione come quella del G8 hanno invece determinato margini ingiustificati di guadagno». Il denaro correva a fiumi, senza riguardo per i contribuenti.

Ma in questo allegro andazzo c'è un colpo di scena. La notte del 6 aprile 2009 il terremoto sconvolge l'Abruzzo, devastando L'Aquila. E Berlusconi decide di spostare lì il G8. Come avessero girato un interruttore, alla Maddalena la tensione cala di colpo. E ancora prima delle inchieste giudiziarie cominciano i problemi. La concessione per gestire l'Arsenale se l'è aggiudicata la Mita Resort di Andrea Donà delle Rose ed Emma Marcegaglia. Tuttavia quello che sembrava un grande affare diventa inaspettatamente una bella gatta da pelare.

Della bonifica marina nemmeno l'ombra. Anche se questo non impedisce che nel 2010 si svolga alla Maddalena la Louis Vuitton Cup con i suoi strascichi velenosi: la Corte dei conti contesta il fatto, davvero singolare, che la regata sia stata organizzata anch'essa con i soldi della Protezione civile. Berlusconi giura che la pazienza dei sardi (e del concessionario) sarà ripagata: all'Arsenale, promette, si faranno dieci grandi eventi l'anno. Nel 2011 si prova a sperimentare una stagione turistica, sottotono. Poi più niente. C'è da aspettarselo, anche perché nel frattempo è accaduto di tutto. Berlusconi annaspa nella bufera delle allegre serate di Arcore, mentre imperversa lo scandalo della Cricca. Salta Bertolaso, poi salta anche il Cavaliere.

La crisi sta divorando l'Italia e figurarsi se qualcuno, nel governo Monti che arriva a novembre 2011, ha la testa per pensare alla Maddalena. Tanto meno la Protezione civile di Franco Gabrielli. Non ha i soldi nemmeno per le frane e le alluvioni, figurarsi se li ha per bonificare un porto da turisti supervip. Dal primo gennaio 2013 la proprietà di tutto passerà alla Regione Sardegna. Neppure l'ex Ospedale militare trasformato in albergo con una marea di soldi pubblici, che è fuori dall'area dell'Arsenale ed è di esclusiva competenza regionale, è mai entrato in funzione. Chi ha firmato, assumendosi l'impegno a bonificare, è invece la Protezione Civile, e Mita Resort la trascina davanti agli arbitri con una richiesta astronomica: 210 milioni.

Il collegio arbitrale riconosce un danno di 39 milioni e la concessione viene dichiarata risolta. Mentre si profila il ricorso in appello all'ormai ex concessionario non resterebbe che restituire le chiavi e andarsene. Ovvio, ma a chi? La Regione Sardegna fa orecchie da mercante. La Protezione Civile non c'entra più niente. Il governo di Roma ha altro a cui pensare. Nessuno si vuole prendere questa rogna, così il concessionario non più concessionario è incastrato lì, con i costi di sorveglianza e delle utenze che continuano a correre. E meno male che ci sono loro, quel giorno di marzo che la Maddalena viene investita da un furibondo maestrale. Perché scoppia un incendio che provocherebbe un disastro se qualcuno non chiamasse subito i pompieri. La patata bollente finisce in mano al Comune della Maddalena, dove peraltro il sindaco Angelo Comiti, in scadenza, non può fare altro che sgolarsi con tutti i presunti responsabili spiegando loro come ogni giorno la situazione peggiori inesorabilmente.

È desolante vedere adesso il Centro Congressi di cristallo, che aggetta spericolato nel mare, circondato da una grata di ferro: neanche fosse stato già dichiarato rudere ancor prima di aver visto anima viva. Vuoto e disadorno lo sterminato salone con l'immenso pavimento di marmo realizzato con strati ricavati da un unico blocco per far apprezzare la geometria delle venature. Che nessuno, tranne chi l'ha fatto (e chi ha incassato i soldi) ha potuto apprezzare. Vuoto l'enorme androne con una ciclopica immagine del mondo immortalato dal satellite. Fermo l'ascensore più grande d'Europa. All'esterno, i fiori di vetro del rivestimento scenografico legati l'uno all'altro da tiranti d'acciaio devono fare i conti con il maestrale, che senza la (costosa) manutenzione necessaria ne fa strage. Vetri ovunque, in terra e nell'acqua. La ruggine aggredisce qua e là i pilastri di ferro degli ex magazzini e nei negozi destinati alle grandi firme che mai sono arrivate sono ammucchiate biciclette coperte di polvere e salsedine. Dicono che sono sciocchezze: con un milione e mezzo si rimette tutto a posto.

Sarà. Per la bonifica a mare, poi, si sarebbero trovati 11 milioni: dice Comiti che bastano e avanzano. Speriamo abbia ragione. Ma come, e soprattutto quando cominceranno a risolvere questa grana, è impossibile saperlo. Non si sa nemmeno chi dovrebbe occuparsene. Forse la Regione? Qualche ministero? Oppure il Comune? E il concessionario? Si dovrà fare una nuova gara? Adesso ci sarebbe una specie di protocollo d'intesa da discutere, ma alla riunione convocata un mese fa i rappresentanti della Regione Sardegna, che nel frattempo è passata dal centrodestra di Ugo Cappellacci al centrosinistra di Francesco Pigliaru, non si sono presentati. E i nostri soldi, mezzo miliardo di euro, stanno lì a marcire.

I SERVIZI PUBBLICI

Il periodo storicamente conosciuto come ricostruzione copre gli anni che vanno dal 1945 al 1955. In quegli anni il paese, appena uscito dal secondo conflitto mondiale, si trovava a dover ricostruire l'intero apparato industriale e buona parte del territorio, distrutto dalla guerra.

Terminata la ricostruzione, iniziarono gli anni del cosiddetto "miracolo economico" (1956-1963), caratterizzati da una crescita del reddito molto elevata. Il rapido sviluppo economico che si verifica a partire dalla seconda metà degli anni cinquanta è contrassegnato da elementi profondamente contrastanti, tanto da apparire come un doppio sviluppo.

In quegli anni, l'economia italiana riesce a realizzare contemporaneamente tre obiettivi, che il più delle volte risultano incompatibili: investimenti produttivi elevati; stabilità monetaria; equilibrio della bilancia dei pagamenti. L'Italia realizza in tal modo una rapida industrializzazione senza inflazione e senza disavanzi nei conti con l'estero. Le grandi imprese, in particolare quelle del settore pubblico, registrano forti incrementi di produttività e diventano il fattore trainante dell'economia.

Lo stesso periodo è contrassegnato anche da elementi negativi: un flusso crescente di persone, valutato in circa cinque milioni, si trasferisce dalle regioni del Sud a quelle del Nord e dalla campagna alle città, provocando in tal modo la congestione dei centri urbani. Si approfondisce il dualismo della struttura industriale tra un settore moderno e uno arcaico. I redditi del Mezzogiorno si mantengono sempre bassi e aumenta il distacco da quelli delle altre regioni. I consumi privati aumentano di molto rispetto a quelli pubblici anche perché i servizi pubblici funzionano male e si dimostrano inadeguati a sostenere lo sviluppo dell'economia. Come si vede, il problema della carenza delle strutture pubbliche e di servizio dell'Italia − rete autostradale, rete ferroviaria, reti di comunicazione etc. - parte da quegli anni e non è stato ancora risolto.

I problemi principali che il nostro paese si trova ad affrontare oggi sono tuttavia ancora molteplici: le irrisolte difficoltà di sviluppo del Mezzogiorno, l'inefficienza della pubblica amministrazione, la debolezza competitiva della nostra grande industria, l'insufficienza delle strutture formative di ricerca e la resistenza al cambiamento della nostra società. Problemi strutturali talora di origine molto antica, talora di formazione più recente. Problemi, in ogni caso, già perfettamente visibili dopo il miracolo economico e che permangono nella nostra economia. I problemi strutturali, infatti, sia pure in forma diversa, sono in fondo sempre gli stessi; però, vanno affrontati in un contesto economico e internazionale molto più difficile di quello "dell'età dell'oro", un contesto in cui lo sviluppo economico e la crescita dell'occupazione possono essere conquistati solo mediante un poderoso sforzo competitivo che investa l'intero sistema socioeconomico del nostro paese. Uno sforzo che migliori la qualità dei servizi forniti dal settore pubblico alle imprese e alle famiglie; che riduca il distacco tra l'Italia e i suoi vicini-concorrenti in termini di istruzione e formazione professionale; che dedichi alla ricerca e alla diffusione tecnologica risorse almeno pari a quelle medie europee; che stimoli una rapida crescita di grandi e medie imprese in settori avanzati; che elimini i vincoli che ostacolano le possibilità di adattamento dell'economia e della società in un contesto di necessaria trasformazione strutturale; che assicuri risorse di legalità e di ordine pubblico ovunque e soprattutto in quelle aree del paese che ne hanno maggior bisogno. Il tutto in una situazione in cui inefficienze e ritardi non possono essere risolti, com'è stato fatto nei decenni precedenti.

I servizi pubblici poco efficienti compromettono la crescita del nostro paese :servizi scadenti e costosi, con un permanente dislivello tra nord e sud. Questa l'impietosa immagine del nostro paese che emerge sulla qualità e l'efficienza dei servizi pubblici: «Notevoli ritardi» nel confronto internazionale e «ampi divari territoriali». Sotto la lente d'ingrandimento, sono finiti i servizi offerti a livello centrale, e cioè istruzione, giustizia, i servizi regionali (sanità), e quelli locali (trasporti locali, rifiuti, acqua, distribuzione del gas e asili nido). Un'analisi importante e strategica perché, la quantità e la qualità dei servizi pubblici influiscono sulla competitività di un'economia e sul suo tasso di crescita potenziale.

«In generale si segnalano significativi ritardi del Mezzogiorno rispetto alle altre aree del Paese». I divari sulla qualità e sull'efficienza riguardano tutti i servizi analizzati. Le differenze territoriali riscontrate sembrano derivare da «differenziazioni non tanto nei livelli di spesa quanto nel grado di efficienza nell'utilizzo delle risorse impiegate», riconducibile in molti casi ai diversi modelli organizzativi o alla regolamentazione.

Per consentire agli amministratori di individuare i problemi e di intervenire efficacemente per risolverli «è fondamentale che informazioni sulla qualità dei servizi e, più in generale, sul funzionamento della cosa pubblica siano disponibili e adeguatamente diffuse».

Nel confronto internazionale le performance delle regioni del Nord sono «in alcuni casi sensibilmente inferiori a quelle rilevate nei paesi più virtuosi». È il caso del sistema giudiziario in cui la durata dei procedimenti è significativamente superiore a quella riscontrata nei principali partner europei. In base agli indicatori della Banca Mondiale, per risolvere una controversia commerciale in Italia nel 2010 occorrevano 1.210 giorni contro una media Ocse di 510 e dell'Unione europea di 549. Va un po' meglio per l'istruzione e la sanità, dove il nord del Belpaese risulta «sostanzialmente in linea» con gli stati esteri più virtuosi.

Considerato il ruolo che i servizi pubblici svolgono nel sostenere la crescita nel lungo periodo e la necessità per il nostro Paese di contenere le spese, diventa necessario «che servizi pubblici migliori siano realizzati soprattutto attraverso recuperi di efficienza nella loro fornitura, e non con l'impiego di maggiori risorse».

LO SMALTIMENTO DEI RIFIUTI

Il ciclo naturale che regola la vita di tutti gli esseri viventi non prevede il concetto di rifiuto, in quanto, ciò che viene scartato da alcuni organismi, rappresenta una risorsa per altri esseri. Ma le attività gestite dall'uomo sono basate dall'utilizzo di materia ed energia dell'ambiente per produrre beni di consumo, e quindi una successiva produzione di rifiuti che vengono poi scaricati nell'ambiente stesso. Il rifiuto è un semplice scarto che, non facendo parte del ciclo della materia e dell'energia, rappresenta un serio problema per il pianeta. Un problema che peraltro l'uomo potrebbe trasformare progressivamente in una preziosa e abbondante risorsa in quanto costituisce una fonte alternativa, che viene però poco sfruttata a causa del suo elevato tasso di inquinamento dovuto alla combustione. Qualsiasi merce è destinata, prima o poi, a diventare un rifiuto, ma la trasformazione da merce a rifiuto dipende soprattutto dalla volontà dei consumatori i quali, fino a poco tempo fa, si sono preoccupati solo di depositare e nascondere tutti i propri scarti, senza pensare agli sprechi di energia e di materia e alle fonti d'inquinamento immesse nella terra e nella falda acquifera e non curanti delle conseguenze sull'ambiente e sulla propria salute.

Un sistema per smaltire i rifiuti è quello del deposito in discariche controllate. La discarica controllata è un'area di terreno attrezzata, dove vengono sistemati i rifiuti in modo tale da ridurre al minimo i loro effetti negativi sull'ambiente e sulle persone. La funzione delle discariche è quella di: non inquinare le acque sotterranee e superficiali non degradare il paesaggio non essere fonte di polveri, rumori, cattivi odori non sviluppare colonie di insetti e di topi. I rifiuti così sistemati possono essere ancora utili: decomponendosi, infatti, producono un gas combustibile, il biogas, il quale, incanalato in un sistema di tubazioni e depurato, produce energia termica. Non sempre però viene rispettata questa norma per smaltire i rifiuti; spesso le persone lasciano i rifiuti in discariche abusive alimentando l'ecomafia.

La costruzione di discariche abusive è meglio conosciuta come ecomafia; questo vocabolo si riferisce alla trasgressione di un articolo della Costituzione che vieta l'abbandono di rifiuti sul suolo e nel suolo in quanto causano non solo l'inquinamento del terreno, ma anche delle acque superflue e sotterranee. La criminalità organizzata procede in questa attività facendo giungere, durante la notte, i camion carichi di rifiuti che riempiono solchi i quali, dopo essere colmi, vengono coperti. Secondo alcune ricerche, l'Italia è un crocevia di traffici internazionali di rifiuti provenienti dai paesi europei e destinati in Nigeria, Somalia e Mozambico. Le regioni in cui si registra il maggior numero di reati ambientali sono Puglia, Sicilia, Calabria e, soprattutto, Campania. In quest'ultima regione è stata, infatti, individuata la vasta area della provincia di Napoli compresa tra le città di Acerra, Nola e Marigliano con il nome di "triangolo della morte". Essa, un tempo, era nota per essere una tra le aree più fertili della Campania. Le è stato attribuito questo appellativo perché, in essa, si è riscontrato negli ultimi anni un aumento di mortalità per cancro. Secondo le ricerche dell'Oms (Organizzazione Mondiale della Sanità), il pericoloso aumento è dovuto all'alta presenza di diossina, sostanza nata dalle combustioni di rifiuti e, poi, finita nei pascoli degli animali da latte.

Questa sostanza assai dannosa alla salute è stata ritrovata anche nel prodotto caseario campano più famoso al mondo: la mozzarella di bufala. Nel 2008, infatti, è nato uno scandalo in seguito a numerose analisi che ha fatto scalpore anche all'estero: il popolare quotidiano statunitense The New York Times ha pubblicato vari articoli che hanno come oggetto la difficoltà della Campania nell'evitare la produzione di diossina. Allarmato dai rilievi positivi di numerosi test (che riscontrano la presenza del gas del 14% in più rispetto alla norma), il governo della Corea del Sud è tra i primi a proibire l'importazione del prodotto caseario; in seguito anche il Giappone, la Cina, la Russia e la Germania. L'Italia ha pertanto vietato la produzione di mozzarella nelle aree incriminate.

Nel 2005 fu pubblicato un articolo che analizzava la faccia occulta del grande traffico internazionale dei rifiuti tossici e radioattivi e l'intreccio mai chiarito tra politici e imprenditori, mafiosi e servizi segreti. Temi sui quali, in passato, indagarono varie procure italiane, raccogliendo spesso più domande che risposte e che riemersero nelle parole dell'ex boss, condannato a trent'anni di carcere per associazione a delinquere e traffico internazionale di stupefacenti. Del personaggio non fu rivelato il nome per ragioni di sicurezza, ma si trattava di un capo che in passato collaborò con la Direzione distrettuale antimafia di Reggio Calabria e che consegnò ai magistrati una minuziosa ricostruzione di come malavita e Stato avrebbero collaborato nel business delle scorie pericolose. Tutto iniziò, secondo il racconto dell'ex mafioso, nel 1982. Quest'ultimo spiegò al pentito che gli fu proposto dal ministro della Difesa di allora, di stoccare bidoni di rifiuti tossici e occultarli in zone della Calabria da individuare, per esempio l'Aspromonte e le fosse marine davanti alle coste ioniche. Un'ipotesi che non convinceva i boss, troppo gelosi della loro terra; fu così che si puntò alla Basilicata, terra di nessuno dal punto di vista mafioso. Il primo episodio risale al 1986, quando furono fatti sparire 600 bidoni contenenti rifiuti tossici e radioattivi. Cento, sostiene l'ex boss, furono seppelliti in Basilicata, mentre gli altri 500 furono trasportati in Somalia a bordo della nave Lynx, partita dal porto di Livorno.

Un altro sistema per smaltire la frazione secca dei rifiuti, non altrimenti riutilizzabile come materia prima, consiste nell'incenerimento con recupero di energia o termovalorizzazione. Questo è un sistema di per sé semplice: basta bruciare i rifiuti in un forno. In realtà il processo è molto più complesso perché è necessario raggiungere alte temperature di combustione (anche superiori ai 1.000 gradi centigradi) e perché dai rifiuti bruciati possono uscire inquinanti pericolosi. Per questo motivo occorre depurare tutti i fumi prodotti dalla combustione prima di liberarli nell'atmosfera. Inoltre, il calore prodotto durante la combustione viene recuperato per ottenere vapore ed energia elettrica.

I Rifiuti Solidi Urbani (RSU) sono residui delle attività industriali, artigianali, agricole e dei consumi cittadini. In una società moderna, dove bisogna tener conto di uno sviluppo economico compatibile con l'ambiente, i rifiuti devono essere considerati una risorsa. I rifiuti prodotti possono avere diverse destinazioni:

-finire nelle discariche;
-essere raccolti in maniera differenziata per subire i necessari trattamenti che consentono il loro reinserimento nel ciclo produttivo (riciclaggio);
-essere utilizzati per produrre energia.

Per utilizzare correttamente l'energia contenuta nei rifiuti organici che non possono essere riciclati è necessario selezionare i rifiuti, preparare con essi una miscela che abbia caratteristiche costanti e ben definite, per poi utilizzarla in impianti idonei come Combustibili Non Convenzionali (CNC). Le tecniche di utilizzo dipendono dal tipo di rifiuto e possono essere:
-Utilizzo dei CNC in alcuni impianti industriali come i cementifici, per i quali i RSU sono un combustibile economicamente vantaggioso.
-Utilizzo dei CNC in apposite centrali termiche. Alcuni rifiuti, come i materiali pla-

stici e i derivati dal petrolio, hanno infatti un discreto potere calorifico.

-Utilizzo di biogas ottenuto dai rifiuti mediante fermentazione.

-Termodistruzione dei rifiuti in appositi impianti che non hanno solo lo scopo di produrre energia, ma anche quello di distruggere i RSU.

Gli impianti in cui è utilizzata l'energia prodotta dalla combustione dei rifiuti per ottenere elettricità e calore sono gli inceneritori; essi sono molto utilizzati in Paesi europei come la Danimarca, che brucia più del 65% dei rifiuti prodotti, la Svezia con il 55% e la Germania, con il 40%. In Italia la maggior parte dei rifiuti finisce ancora nelle discariche, anche se ultimamente la difficoltà nel trovare aree destinate a nuove discariche dovuta all'opposizione delle popolazioni residenti, ha riproposto il progetto dell'incenerimento dei RSU. Bisogna, però, valutare attentamente l'impatto inquinante dei gas che si generano con la combustione: essi causano, infatti, la produzione di diossine. Per incentivare la costruzione di inceneritori sono stati inventati i certificati verdi, che corrispondono ad una certa quantità di emissioni di CO_2 : se un impianto che utilizza fonti rinnovabili produce energia emettendo meno CO_2 di quanto avrebbe fatto un impianto alimentato con fonti fossili (carbone, petrolio, gas naturale), il gestore ottiene dei certificati verdi che può rivendere a industrie o attività che sono obbligate a produrre una quota di energia mediante fonti rinnovabili ma non lo fanno autonomamente. In Italia i certificati verdi sono stati introdotti dal Decreto Bersani emanato nel 1999. Per risolvere il problema dei rifiuti si ricorre alla raccolta differenziata; essa garantisce lo sviluppo sostenibile, cioè uno sviluppo dell'economia compatibile con l'ambiente, nato in seguito alla Conferenza di Kyoto del 1997.

L'AMBIENTE E I CAMBIAMENTI CLI-MATICI

Con la fine della seconda guerra mondiale comincia anche per l'Italia un periodo di ricostruzione caratterizzato in una prima fase da un boom edilizio e, in seguito, da un vero e proprio "miracolo economico", contraddistinto da un'esplosione dei consumi di massa. Nascono così le prime preoccupazioni legate alla salvaguardia dell'ambiente naturale minacciato dall'industrializzazione e dalla vertiginosa crescita edilizia.

In questo clima, nel 1955 nasce Italia Nostra, la principale associazione di tutela del patrimonio artistico e paesaggistico di quegli anni, protagonista di molte battaglie per la salvaguardia dei centri storici delle città italiane, per l'incremento del verde pubblico, contro la "cementificazione" del territorio.

Negli anni '60 una forte accelerazione dello sviluppo economico fa sì che l'attenzione si sposti sui temi della lotta contro l'inquinamento.

Nel 1966 nasce la sezione italiana del WWF (associazione internazionale che aveva come obiettivo quello di raccogliere fondi per finanziare progetti di salvaguardia ambientale), che allarga l'azione conservazionista a temi nuovi come la battaglia per la protezione degli animali in via d'estinzione, quella per la regolamentazione della caccia e dà vita a una rete di oasi e riserve naturali gestite direttamente. Ma il segnale decisivo del movimento ambientalista si ha agli inizi degli anni '70. Secondo gli autori, le principali minacce alla stessa sopravvivenza umana erano essenzialmente tre: l'incremento della popolazione, il rischio dell'esaurimento delle risorse naturali, l'inquinamento.

Per scongiurare la catastrofe, l'unica via d'uscita era fissare un limite allo sviluppo economico.

Questo rapporto, in seguito corretto in parte dagli stessi autori, ebbe il merito di far capire a molti che l'inquinamento, il boom demografico e l'eccessivo prelievo delle risorse naturali erano problemi concreti.

Il fermento ecologista dei primi anni '70, oltre a sensibilizzare l'opinione pubblica, produsse anche risultati concreti: a Milano vennero installate le prime centraline per la misurazione delle concentrazioni di anidride solforosa nell'aria; nel '73 venne istituito il primo Ministero dell'Ecologia; nel '76 venne approvata la Legge Merli che fissava un limite alla presenza di sostanze inquinanti negli scarichi civili e industriali. Nel 1976 l'incidente di Seveso (Seveso e i comuni limitrofi furono contaminati da una nube tossica contenente elevate quantità di diossina, sprigionatesi da alcuni impianti chimici della zona) impone all'attenzione pubblica e dei governi il problema del rischio industriale. Ma l'occasione che fece dell'ecologismo un vero e proprio movimento politico fu la battaglia antinucleare. Nel '77 la manifestazione contro la costruzione della centrale di Montalto di Castro fa della battaglia contro il nucleare, per la prima volta, una vicenda di rilievo nazionale. A questa manifestazione partecipano i contadini di Montalto, gli studenti del movimento del '77, i Radicali, militanti del WWF e Italia Nostra.

Nel 1979 nasce Lega Ambiente, che diventerà negli anni '80 la principale protagonista del movimento ambientalista italiano. Nel 1986, dopo l'incidente di Cernobyl (uno dei reattori della centrale di Cernobyl , in Ucraina, fonde e dal reattore si sprigiona una nube radioattiva che in meno di una settimana arriva sull'Italia), Lega Ambiente promuove una manifestazione in cui si chiede la chiusura delle centrali nucleari esistenti e la sospensione dei lavori per quelle in costruzione. Subito dopo molte associazioni e forze politiche (Lega Ambiente, WWF, Italia Nostra, Partito Radicale, Verdi) avviano una raccolta di firme su tre quesiti referendari per l'abrogazione di alcuni articoli che regolano le procedure per la realizzazione delle centrali: in due mesi vengono raccolte più di un milione di firme, il doppio del necessario. Dopo il referendum del 1987 il governo è quindi costretto a emanare un decreto che prevede la conversione a metano della centrale di Montalto di Castro. La vittoria contro il nucleare ha un effetto moltiplicatore per il movimento ambientalista: Lega Ambiente e WWF raddoppiano i soci, e alle elezioni politiche dell' 87 i Verdi ottengono quasi un milione di voti. Gli sforzi dei movimenti ambientalisti italiani hanno contribuito al raggiungimento di grandi risultati come la costituzione nel 1986 del Ministero dell' Ambiente, la creazione di una vasta rete di "aree protette", l'istituzione dell' Agenzia per la Protezione dell'Ambiente, l'avvio di politiche ambientali innovative nel settore dello smaltimento dei rifiuti.

– L'inquinamento.

L'inquinamento è un'alterazione dell'ambiente, di origine naturale, che produce disagi o danni permanenti per la vita di una zona e che non è in equilibrio con i cicli naturali esistenti.

Non esiste una sostanza di per sé inquinante, ma è l'uso di qualsiasi sostanza o un evento che possono essere inquinanti: è inquinamento tutto ciò che è nocivo per la vita o altera in maniera significativa le caratteristiche fisico-chimiche dell'acqua, del suolo o dell'aria, tale da cambiare la struttura e l'abbondanza delle associazioni dei viventi o dei flussi di energia e soprattutto ciò che non viene compensato da una reazione naturale adeguata che ne annulli gli effetti negativi totali.

Esistono diversi tipi d'inquinamento:
- inquinamento dell'aria
- inquinamento del suolo
- inquinamento acustico
- inquinamento luminoso

Il grave problema dell'inquinamento è riconducibile a tre principali cause: l'aumento della popolazione, il grande sviluppo delle città e l'utilizzo di tecnologie poco compatibili con l'ambiente. Questi fattori determinano una crescente richiesta di alimenti con un conseguente aumento dei rifiuti. Per combattere questo fenomeno basterebbe attuare una programmazione a tutti i livelli, locale, regionale, nazionale e internazionale in modo che l'uomo non abbia più il ruolo del predatore.

Benché possano esistere cause naturali che possono provocare alterazioni ambientali sfavorevoli alla vita, il termine inquinamento si riferisce in genere alle attività che riguardano l'uomo. Generalmente si parla d'inquinamento quando l'alterazione ambientale compromette l'ecosistema danneggiando una o più forme di vita. Allo stesso modo si considerano atti d'inquinamento quelli commessi dall'uomo ma non quelli naturali (emissioni gassose naturali, ceneri vulcaniche, aumento della salinità). Quando si parla di sostanze inquinanti solitamente ci si riferisce a prodotti della lavorazione industriale (o dell'agricoltura industriale), ma è bene ricordare che anche sostanze apparentemente innocue possono compromettere seriamente un ecosistema.

L'inquinamento causa numerosi danni anche alla salute dell'uomo, e danneggia soprattutto l'organismo, più debole, dei bambini; nel mondo intero fattori come l'inquinamento dell'aria, dell'acqua e altri pericoli presenti nell'ambiente uccidono ogni anno più di tre milioni di bambini al di sotto dei cinque anni. L'industrializzazione, l'aumento della popolazione urbana, i cambiamenti climatici, il ricorso crescente ai prodotti chimici e la degradazione dell'ambiente espongono i bambini da diverse generazioni a rischi inimmaginabili per la salute.

Altri fattori responsabile di numerosi decessi sono la scarsa qualità dell'acqua, le bonifiche insufficienti, il paludismo e l'inquinamento dell'aria.
–La crisi riduce l'inquinamento.

La crisi economica che negli ultimi anni sta colpendo il nostro Paese, ha aiutato l'ambiente, ovvero il taglio dei gas serra è dovuto in buona parte alla minor quantità di merci trasportati su gomma, causata dal rallentamento dei consumi e della produzione. Questo è, però, un miglioramento non sufficiente per riportare l'Italia all'interno degli obiettivi di Kyoto.

La classifica italiana delle città che superano la quantità di emissioni permessa dalla legge vede in vetta le città di Napoli (con 156 giorni di sforamento) e Torino (con 151 giorni di sforamento), dopo le quali si trova la città marchigiana di Ancona (con 129 giorni di sforamento). Meno preoccupante ma altrettanto grave è la situazione delle città di Roma(con 67 giorni) e Milano (con 108 giornate oltre i limiti). Al sesto posto si trova Venezia, che si differenzia dalla capitale per una settimana in più di aria respirabile. Anche in questo ambito la maglia nera va alla Lombardia, dove nove centri su dieci hanno superato (e di molto) i valori stabiliti dalla legge. I dati relativi solamente al capoluogo di questa regione indicano eccessi per 51 giorni. Genova e Bologna hanno indicazioni per 46 e 42 giornate oltre il limite, Torino per 40 e, infine, Roma per 34. L'area italiana più critica rimane, però, quella della Pianura Padana, che infila otto città tra le prime dieci per superamenti del valore di legge.

–Lo sviluppo sostenibile.

Fin dalla Conferenza Mondiale dell'Ambiente tenuta a Stoccolma nel 1972, è nato un movimento di pensiero per offrire un nuovo modello di sviluppo che tenesse conto degli errori fatti in passato.

Si iniziò a parlare, già dopo la Conferenza di Kyoto, di eco sviluppo e sviluppo sostenibile, che volevano sottolineare l'impostazione del nuovo modello basato sul rispetto della natura e sulle effettive capacità del pianeta in fatto di risorse. Possiamo riassumere i concetti fondamentali di questo nuovo modello in alcuni punti:

-lo sviluppo sostenibile ha l'obiettivo di soddisfare i bisogni e le aspirazioni delle attuali generazioni senza compromettere le possibilità delle generazioni future;

-non bisogna arrestare la crescita economica, che dovrà andare in larga parte a vantaggio dei Paesi più poveri;

-il soddisfacimento dei bisogni dovrà riguardare soprattutto i bisogni essenziali dei poveri della Terra: cibo, acqua, salute e istruzione;

-lo sviluppo dovrà tener conto della conservazione dell'ambiente.

I Governi di tutto il mondo sono stati invitati ad attuare piani nazionali per la conservazione della natura da affiancare ai piani di sviluppo economico. Passare dalla teoria ai fatti, però, è tutt'altro che facile e la strada da percorrere è ancora molto lunga. I Paesi più poveri spesso vedono nello sfruttamento intensivo delle loro risorse naturali l'unica possibilità per migliorare le loro misere condizioni di vita. I Paesi ricchi, che di queste risorse hanno bisogno, li incoraggiano in queste scelte offrendo anche piccoli aiuti finanziari, e il circolo vizioso si chiude!

Allo sviluppo sostenibile è contrapposto lo sviluppo improprio : la Terra è stata considerata per molti secoli come un deposito di risorse naturali cui la specie umana poteva attingere senza problemi. La maggior parte delle risorse sono state ritenute *illimitate* mentre, per le altre, si è pensato che la tecnologia sarebbe stata in grado di creare nuove possibilità, in un ciclo senza fine. Possiamo riassumere i concetti fondamentali di questo modello di sviluppo in alcuni punti:

-la specie umana ha il diritto di *dominare* tutte le altre specie viventi del nostro pianeta;

-tutte le riforme di vita, dalle più semplici alle più complesse, sono al *servizio* della specie umana; insieme alle componenti non viventi (minerali, acqua, aria...) rappresentano le *risorse* che la specie umana ha il diritto di utilizzare per raggiungere i propri obbiettivi;

-il progresso ha sempre caratterizzato la storia dell'umanità e la specie umana è sempre stata capace di trovare una soluzione ad ogni problema;

-la Terra è grande e ha possibilità illimitate.

Questo vecchio modello di sviluppo ha causato gravissimi danni all'ambiente, ha distrutto preziose risorse naturali, ha contribuito all'estinzione di molte specie viventi, vegetali e animali.

I cambiamenti climatici

I cambiamenti climatici, sono un processo lento e doloroso, che cambieranno definitivamente la geografia ed il modo di vivere delle popolazioni, soprattutto di quella italiana. Almeno per quanto riguarda l'Europa, se non dovessero essere prese efficaci misure per fermare quest'ondata di surriscaldamento che minaccia la Terra, le regioni che pagheranno il prezzo più alto saranno quelle del Mediterraneo, e quindi Spagna, Grecia, ma soprattutto Italia. Anzi il nostro Paese sarà probabilmente quello che pagherà di più le conseguenze, poiché una buona parte dell'economia si basa anche sulla neve, che lentamente sparirà, e sul turismo, spazzato via nel giro di pochi anni. Probabilmente andremo al mare a Dicembre, mentre ad Agosto saremo costretti ad emigrare nei Paesi Scandinavi. Può essere un'esagerazione, ma entro una cinquantina d'anni potrebbe diventare la realtà. Inoltre la mancanza di ghiacciai e di zone innevate, per la diminuzione di periodi freddi, in breve tempo comporterebbe una mancanza di acqua potabile, siccità, conseguenze sull'agricoltura, incendi e desertificazione. Uno scenario terribile che renderebbe l'Italia un Paese invivibile. Secondo le stime Ue, all'intera Unione questi problemi costerebbero 6 miliardi di euro all'anno fino al 2020, per poi aumentare sempre più fino al 2060 quando il costo stimato annuale per appianare le perdite salirà a sessantatré miliardi. Il riscaldamento globale porterà anche all'aumento di durata e alla frequenza delle le ondate di caldo che fino ad ora si verificano ogni 10 anni e che nel prossimo secolo potrebbero arrivare anche alla frequenza di una all'anno.

Altri provvedimenti sono dettati dal Protocollo di Kyoto. Il Protocollo di Kyoto è un trattato internazionale sull'ambiente contro il surriscaldamento globale, sottoscritto nell'omonima città giapponese l'11 dicembre 1997 da più di 160 paesi, di cui fa parte anche l'Italia. L'Italia non è certamente fra i paesi meno virtuosi dal punto di vista dei consumi energetici. L'intensità energetica è infatti fra le più basse dell'area; tuttavia l'intensità delle emissioni di CO2 non è altrettanto contenuta poiché in l'Italia la copertura del fabbisogno energetico avviene con un massiccio ricorso agli idrocarburi. Queste brevi e sommarie informazioni sono sufficienti a far comprendere quanto sia difficile (e costoso) perseguire significative riduzioni delle emissioni. Da un lato, infatti, la domanda di energia è già relativamente bassa, dall'altro, il combustibile fossile meno inquinante, il gas naturale(da sostituire all'olio combustibile e al carbone, più inquinanti), è già ampiamente diffuso.

Il protocollo di Kyoto costituisce l'iniziativa internazionale più concreta sul fronte della mitigazione dei cambiamenti climatici. Al Protocollo di Kyoto hanno aderito molti paesi, ma non tutti; alcuni tra i non aderenti sono: Stati Uniti, India e Cina.

Da quando ha aderito al Protocollo di Kyoto, il nostro Paese è stato ripetutamente accusato e criticato per i mancati impegni:
-Nel giugno 2001 il direttore generale del ministero dell'Ambiente, Corrado Clini, e la delegazione italiana dichiarano di non voler approvare il Protocollo di Kyoto nel 2002

come stabilito e di mostrarsi 'costruttivi' nei confronti delle decisioni di Bush poiché senza la collaborazione degli USA, sarebbe stato molto più difficile ottenere dei risultati.

-Nel luglio 2003 l'Italia compare nell'elenco dei paesi europei che non riescono a raggiungere gli obbiettivi fissati dal protocollo di Kyoto: le emissioni di gas serra sono aumentate del 5,5%, invece che ridotte del 6,5% come previsto dal Protocollo.

-Nel 2004 l'Italia si mostra indecisa, dichiarando che se né la Russia, né l'America, né la Cina aderisce, il Protocollo causerebbe doveri alle aziende senza ottenere risultati dal punto di vista climatico.

La Commissione Europea ha aperto una procedura d'infrazione nei confronti dell'Italia e di altri paesi dell'UE per il mancato rispetto di norme europee in materia ambientale e per il mancato invio da parte nostra del piano assegnatoci per la riduzione di CO_2.

-Nel gennaio 2005 la Commissione Europea ha denunciato l'Italia alla Corte di Giustizia per non aver rispettato l'ordinamento sulla direttiva delle quote di emissione.

-Nel febbraio 2005 l'Italia propone alla CE un piano che prevede settanta tonnellate in più di anidride carbonica rispetto al preventivato.

-Nel febbraio 2005 le industrie italiane si dichiarano spiazzate dalla mancanza di un'indicazione sul limite di emissioni di gas oltre il quale si rischia una sanzione e il governo dichiara che sarà presa una decisione entro una settimana. Ma il ministro dell'ambiente Altero Matteoli continua ad affermare che l'Italia rinuncerà agli impegni previsti se gli USA non aderiranno al Protocollo perché per quanto ambiziosi, gli sforzi della Ue non saranno mai sufficienti a contrastare i cambiamenti climatici.

-Nel maggio 2005 l'Italia, che aveva preparato un piano di abbattimento delle emissioni di gas serra, è accusata di non rispettare il tetto di emissioni di anidride carbonica e perché non ha fornito giustificazioni per l'aumento.

-Nel maggio 2008 l'Italia risulta sempre più lontana dal piano fissato durante il Protocollo: invece di diminuire le emissioni, in 18 anni queste sono aumentate del 13,5% superando del 19,5%i limiti concessi.

-Nell'ottobre 2008 l'Italia cerca di prendere tempo allineandosi alla posizione della Casa Bianca che ritiene prioritaria l'adesione alle nuove politiche sul clima. Per questo il governo italiano chiede di congelare per un anno le misure che la Commissione europea considera centrali per il rilancio della scommessa energetica e ambientale.

-Nell'ottobre 2008 nove stati (Polonia, Ungheria, Romania, Bulgaria, Repubblica Ceca, Slovacchia, Estonia, Lettonia e Lituania) hanno aderito alla nostra proposta di avere più tempo per approfondire il problema dei costi per l'anidride carbonica.

-Nel dicembre 2008, mentre Barack Obama lancia il suo piano strategico sulle energie alternative e l'Europa cerca un accordo per ridurre drasticamente le emissioni nocive puntando alle fonti pulite, l'Italia finisce in fondo alla graduatoria internazionale per la lotta contro l'inquinamento, il surriscaldamento e al cambiamento climatico.

Che cosa prevede l'accordo storico sul clima del 2015?

A dicembre del 2015, c'è stato a Parigi l'accordo storico tra i 195 paesi partecipanti alla 21. esima Conferenza Mondiale sul clima. Il patto entrerà in vigore dal 2020, con verifica quinquennale, e prevede che il riscaldamento climatico sia contenuto sotto i 2 gradi. In pratica gli obiettivi da raggiungere sono tre:

– Mantenere il riscaldamento globale sotto i 2 gradi (1,5);

– Abbandonare l'energia da fonti fossili e investire in fonti rinnovabili (energia pulita);

– Verificare ogni 5 anni gli impegni presi.

La soglia dei 2 gradi da non superare, è fondamentale per evitare il caos. Quest'obiettivo è principalmente legato agli effetti della desertificazione. Lo scioglimento dei ghiacci e la crescita del livello del mare, causerebbe la scomparsa di tante isole dell'oceano pacifico, con l'aggravamento delle popolazioni in fuga dai territori occupati dalle acque. Ovviamente, quest'accordo prevede dei costi altissimi, che i paesi ricchi dovranno sostenere anche nei confronti di quelli poveri, affinché si possano fare gli investimenti necessari. Speriamo che quest'accordo non sia solo propaganda (come in passato!), ma un impegno serio e responsabile da parte di tutti per la salvaguardia del nostro pianeta.

Il G7 di Taormina

Il 26 e 27 maggio 2017, ci fu a Taormina il summit tra i grandi della terra. Italia, Canada, Francia, Germania, Giappone, Regno Unito, Stati Uniti d'America e Uninione Europea, per discutere i grandi problemi riguardanti il clima, il terrorismo, l'immigrazione e il commercio.

In effetti, ci aspettavamo qualcosa di più serio e invece le previsioni erano (ahimé) esatte, a parte la passerella delle first lady, in abiti eleganti e casual, i selfie, lo shopping, la gastronomia e il concerto serale (stupendo!) della filarmonica della Scala di Milano diretto dal maestro sudcoreano Myung-Whun Chung. E per il resto? Che cosa è stato concluso, sui temi importanti all'ordine del giorno, come ad esempio il clima? Nulla! Oltre al grande imbarazzo tra i leader, e l'indifferenza di alcuni, c'è stato un forte disaccordo su questo importante argomento! Anche gli abitanti di Taormina sono rimasti delusi. Costretti a chiudere i negozi per evitare che fossero distrutti dal corteo dei manifestanti (circa tremila) del "No G7". L'unico merito in-discusso, sono state probabilmente le imma-gini meravigliose di Taormina che hanno fat-to il giro del mondo!

LA BUONA SCUOLA

La "Buona Scuola" è finalmente realtà. Il governo non parla di semplice riforma, ma di una "rivoluzione strepitosa" che oltre a prevedere le oltre 100 mila assunzioni di precari metterà in campo nuovi concorsi attraverso i quali assumere immediatamente i vincitori.

Quella immaginata dal governo è una scuola con maggiori autonomie, dove i singoli presidi potranno scegliere da un apposito albo gli insegnanti da chiamare direttamente (e lo stesso operato dei presidi potrà essere valutato).

Un'altra novità è la cosiddetta "carta del prof", attraverso la quale ogni docente avrà a disposizione una cifra pari a 500 euro l'anno destinata all'aggiornamento professionale (acquisto di libri, strumenti digitali, mostre, concerti, ecc.). Parlando del "merito", il capo del governo ha voluto spiegare il motivo per cui sono stati mantenuti gli scatti di anzianità: se aboliti, ha detto, la scuola sarebbe stato l'unico settore del pubblico impiego a non avere diritto agli scatti. Nello stesso tempo però sono aggiunti altri soldi proprio per il "merito", con i presidi delle varie scuole che saranno incaricati di decidere autonomamente le modalità di assegnazione, con una trasparenza totale. Per il bonus da assegnare a chi s'impegna di più, sono stanziati 200 milioni l'anno.

Ecco la riforma in dieci punti: il **primo** riguarda l'autonomia dei vari istituti, che potranno organizzarsi ognuno nel modo che ritiene più opportuno. Il **secondo**, sono le 100 mila assunzioni. Un punto che naturalmente era il più atteso da parte della grande platea dei precari. Il premier l'ha confermato, aggiungendo che si assumeranno 100 mila insegnanti presi dalle graduatorie. Esaurite queste ultime, nella scuola potranno entrare solamente per mezzo di un concorso. Per il momento restano esclusi dalle assunzioni i 23000 precari delle "scuole primarie". Il **ter-**

zo punto riguarda i supplenti, che saranno aboliti con la possibilità per il preside di ogni scuola di scegliere gli insegnanti. I supplenti spariranno quando la riforma sarà andata a regime, dopo un primo anno che sarà di transizione. Anche sul **quarto** punto, quello delle cosiddette "classi pollaio"; con la riforma si avrà un organico funzionale che permetterà di superare questo fenomeno. Il **quinto** punto illustrato riguarda il "merito", e gli scatti di anzianità, che saranno confermati anche dalla riforma. Nei giorni scorsi c'erano state delle polemiche rispetto a quest'argomento, poi superate. L'assegnazione dei soldi in base al "merito" sarà decisa dai singoli presidi, e lo stanziamento destinato a questo settore sarà di 200 milioni di euro dal prossimo anno. Il **sesto** punto è quello riguardante la "Carta del prof" del valore di 500 euro per ciascun professore, con i quali si potranno fare acquisti di tipo culturale per aggiornamento, come libri, biglietti di concerti e di spettacoli teatrali. Il **settimo** punto riguarda la maggiore attenzione a materie come musica e arte che tornano a far parte delle materie d'insegnamento, così come la lingua inglese e l'educazione motoria. La lingua inglese sarà insegnata fin dalle scuole primarie e si dovrà fare molta attenzione alla professionalità degli insegnanti. L'**ottavo** punto riguarda la trasparenza totale, con i "curricula" dei professori e i bilanci degli istituti che dovranno essere pubblicati online. Il **nono** punto riguarda gli sgravi che saranno concessi per la frequenza delle "scuole paritarie". Le famiglie che sosterranno le spese per l'iscrizione dei propri figli a materne, elementari e medie paritarie potranno detrarre queste spese. Il **decimo** punto riguarda la destinazione del cinque per mille e gli "school bonus".

Con la riforma, s'incoraggiano le famiglie italiane a dare un contributo fattivo per il miglioramento della scuola, con la possibilità di devolvere ai vari istituti il cinque per mille. Inoltre con lo "school bonus" si potranno effettuare delle donazioni, il cui importo potrà essere detratto dalla dichiarazione dei redditi nella misura del 65%.

Noi e la buona scuola

"Per fare la buona scuola non basta solo un Governo. Ci vuole un Paese intero".

Affermazione sacrosanta e assolutamente da condividere, quella che chiude il documento delle Linee guida di riforma della scuola presentato dal governo. Appartiene, infatti, all'intero paese, e non a maggioranze e governi pro-tempore, quel bene comune che è la scuola, troppo a lungo trasformata in terreno di scontro ideologico mentre si privava delle risorse necessarie a svolgere efficacemente i suoi compiti.

Affermazione sacrosanta, che impone, tuttavia a chi la fa il dovere di aprirsi a un confronto vero, fatto di ascolto e non di semplice rilevazione di opinioni nel momento in cui si definiscono per la nostra scuola ipotesi d'innovazione che, per acquisire senso e valore, deve avere i tratti del cambiamento giusto e necessario.

Ridare centralità alla scuola nelle politiche di governo, ridare dignità e prestigio al lavoro nella scuola sono ciò che da qualche tempo ci si aspetta; chi soprattutto lo attende nella scuola vive e opera ogni giorno. Persone che chiedono per sé un'attenzione "positiva", ma anche pienamente consapevoli delle vere necessità di cambiamento e disponibili a farsene carico attivamente e responsabilmente."

"Restituire valore sociale agli insegnanti", impegno assunto dal premier presentandosi alle Camere, significa anche rendere chi lavora nella scuola protagonista dei processi d'innovazione. Non aiutano, infatti, a costruire la "buona scuola" riforme calate dall'alto, così come non è pensabile che una consultazione vera e seria possa esaurirsi in due mesi di raccolta di pareri.

Cambiare davvero la scuola, ridarle il valore e la centralità che merita, sono obiettivi che si raggiungono attraverso una catena continua e precisa di atti, di scelte, di investimenti sia materiali che immateriali.

Non c'è problema che si risolva, né cambiamento che si realizzi, per semplice evocazione: un progetto è tale se è chiaro nei suoi obiettivi, credibile sotto il profilo della realizzabilità, coerente nella scelta degli strumenti da adottare, efficace per gli esiti che possono derivare dalla sua realizzazione.

Ecco alcuni casi in cui, su temi importanti, le soluzioni proposte non sono declinate con la dovuta coerenza:

Organici e assunzioni: l'obiettivo di un piano efficace di stabilizzazione del personale non può essere il solo "svuotamento delle graduatorie", fermo restando che la scuola ha necessità di un organico rispondente al reale fabbisogno e i cui posti siano stabilmente occupati dal relativo personale. In questo contesto va declinato lo stop al precariato. Ma discorso analogo deve essere fatto anche per il personale scolastico, che vive problemi di sottodimensionamento e precarietà, ignorato del tutto nel documento e per i quali non si prospetta nessuna soluzione.

Stipendi: la revisione delle retribuzioni del personale scolastico, con l'introduzione dei cosiddetti scatti di competenza, avviene facendo ricorso massiccio all'autofinanziamento. Di fatto, si attinge a retribuzioni già insufficienti, e per le quali si annunciano cinque anni di blocco totale, per recuperare i fondi necessari a dare i nuovi aumenti solo a una parte del personale. Così che ci sarà una buona fetta di personale che avrà addirittura una riduzione di stipendio.

Merito: è ancora da dimostrare l'efficacia di presunti processi emulativi, basati su strumenti tutti da inventare e su un'assurda opposizione ideologica al valore dell'anzianità.

Il rischio è che ancora una volta prevalgano logiche di finta meritocrazia che enfatizzano la competizione tra i soggetti operanti nel sistema anziché favorirne la collegialità e la cooperazione.

Non tutte le Regioni sono d'accordo con il decreto sulla 'buona scuola' varato dal governo. Vediamo alcuni casi.

Per il governatore della Regione Puglia Emiliano esisterebbe, rispetto ad alcune norme del provvedimento varato dal governo, una lesione delle attribuzioni del governo regionale.

Il ricorso ha carattere meramente tecnico; la motivazione non è fondata su una critica di natura politica, ma sul mero intento di tutelare la Regione Puglia su alcuni aspetti del dimensionamento scolastico.

Il governatore Zaia si scaglia contro la riforma scolastica: "Non saremo spettatori inerti dell'affossamento di sistemi d'istruzione collaudati come il nostro. Abbiamo già investito molto in sostituzione dello Stato; la Buona scuola è incostituzionale". Così il governatore del Veneto Luca Zaia ha annunciato il ricorso alla Consulta contro la riforma scolastica perché dice, essere lesiva dell'autonomia amministrativa della Regione. Dopo le proteste dei docenti arrivano anche quelle istituzionali: Per il governatore la riforma vanifica e crea interferenze con il Ministero dell'Istruzione per i compiti di programmazione e di gestione che la Costituzione ha affidato alle amministrazioni regionali.

"Chiediamo ai giudici della Consulta di fare chiarezza nel pasticciato provvedimento governativo: non accettiamo il ruolo di spettatori inerti dell'affossamento di sistemi collaudati d'istruzione e formazione come quello veneto, dove la Regione ha investito sinora importanti risorse in sostituzione dello Stato, riuscendo a garantire apprezzati livelli di qualità e d'inserimento occupazionale". A questo proposito la Regione ha dato mandato di ricorso alla propria Avvocatura. Nelle sette pagine del ricorso della giunta regionale sono argomentati i tre motivi principali. Innanzitutto la riforma affida al ministero dell'Istruzione il compito di definire l'offerta formativa dei percorsi d'istruzione e di formazione professionale, ruolo che la Costituzione affida alle regioni. Inoltre secondo la 'buona scuola' gli Uffici scolastici regionali, emanazione diretta del Ministero, devono stabilire il dimensionamento della rete scolastica: cioè stabilire l'ampiezza degli ambiti territoriali in funzione della popolazione scolastica, del numero degli istituti e delle particolari caratteristiche del territorio. Un altro compito che prima spettava alle Regioni. Per Zaia questo potrebbe creare una possibile sovrapposizione di competenze di programmazione tra Ministero e Regioni. Infine, molteplici e puntuali indicazioni contenute nella riforma governativa "determinano - si legge nell'impugnativa - una fitta rete d'interferenze con la competenza esclusiva regionale in materia d'istruzione e formazione professionale e potenzialmente attribuiscono allo Stato competenza ad adottare non solo norme di principio ma anche disposizioni di dettaglio in materia d'istruzione".

Un'altra protesta contro il decreto sulla Buona scuola proviene dal primo cittadino di Volpedo, in provincia di Alessandria, Giancarlo Caldone che, ha deciso di far sentire la propria voce contro la riforma del governo.

Con il suono della prima campanella, l'amministrazione del piccolo paese piemontese, ha deciso di far sentire la propria voce con una singolare iniziativa: stampare gli atti del Comune, ad esclusione di quelli richiesti dai privati cittadini, al contrario. Tutti i documenti firmati dal primo cittadino, dalla giunta e dal consiglio saranno stampati in modo *speculare* come se fossero riflessi da uno specchio. Non solo. Lo stemma ufficiale del Comune sarà sostituito da un logo con la dicitura "contraria", leggibile anch'essa all'inverso.

A palazzo municipale è da giorni che il primo cittadino, assieme ad altri amministratori, stanno lavorando alla realizzazione di questa protesta: "Le ordinanze sindacali, le delibere di giunta e di consiglio, d'ora in poi saranno redatte in questo modo perché contrarie alla buona scuola sono state le decisioni prese dal Governo che abbiamo contestato e contestiamo".

A Caldone e alla sua giunta, non va giù la nuova legge firmata dal ministro dell'Istruzione Stefania Giannini. In queste settimane hanno dovuto fare i conti con un aumento di ragazzini diversamente abili provenienti da un plesso speciale soppresso in un istituto vicino a Volpedo. Decisioni prese dall'alto che il battagliero sindaco, non ha voluto subire senza far sentire la voce dell'amministrazione.

In prima battuta, nei giorni scorsi, aveva deciso di chiudere la scuola con un'ordinanza: "La nostra struttura non ha né gli spazi né le attrezzature adatte per farsi carico di altri ragazzi con queste necessità". Un provvedimento che non è piaciuto al prefetto di Alessandria, Romilda Tafuri, che ieri pomeriggio ha convocato d'urgenza il primo cittadino con il dirigente scolastico provinciale Franco Calcagno, per trovare una soluzione. "A fronte di un percorso comune che abbiamo concordato, ho ritirato l'ordinanza ma siamo solo parzialmente soddisfatti. Per questo abbiamo dato un seguito alle nostre proteste decidendo di produrre gli atti al contrario. Non vogliamo pregiudicare il normale svolgimento delle lezioni, non è mai stata nostra intenzione farlo ma è nostro dovere salvaguardare la sicurezza e l'incolumità dei ragazzi e dare risalto a una situazione che potrebbe creare problemi gestionali anche al corpo docente".

A Volpedo non si accontentano delle parole del prefetto e del dirigente scolastico provinciale, vogliono i fatti. Sembra che l'impegno preso sia quello di assicurare ore in più di sostegno. D'altronde, in tutt'Italia, l'avvio dell'anno scolastico è sempre contrassegnato da polemiche sul sostegno, oltreché sui servizi di trasporto degli alunni disabili.

CORRUZIONE E TANGENTI

La corruzione, sia politica sia amministrativa, sembra essere un problema cronico della società italiana.

Già conosciuta e oggetto di pubblico dibattito presso i Romani, la corruzione non ha mai smesso di scandire il susseguirsi delle vicende storiche del nostro paese.

Ricordiamo la vendita delle indulgenze ai tempi di papa Leone X, che generò, per ripulsa, la Riforma protestante, per passare poi, in anni più recenti, allo scandalo della Banca Romana, che travolse il governo Giolitti nel 1892, per arrivare ai giorni nostri, allo scandalo delle tangenti, indicato dai giornali anche col nome di "inchiesta di Mani Pulite" o "Tangentopoli". Uno scandalo che, nei primi anni Novanta, ha coinvolto imprenditori e uomini politici e che ha decimato la classe dirigente della cosiddetta Prima Repubblica.

Quando si parla di corruzione, si fa riferimento, in realtà, a due reati specifici: la corruzione propriamente detta, quando si offre denaro a un pubblico funzionario per riceverne dei vantaggi e la concussione, quando è il pubblico ufficiale a richiedere una ricompensa in cambio di favori da elargire.

Dopo Tangentopoli, la percezione di tanti è che in realtà la corruzione sia in Italia ancora molto diffusa. Perché, allora, nonostante le condanne talvolta severe e i tragici prezzi umani, pagati da alcuni inquisiti, la corruzione continua a prosperare nel nostro paese? Gli studiosi, sociologi, magistrati, economisti, ne hanno abbozzati, in questi anni, i motivi.

Molti hanno convenuto che l'Italia non sia ancora una democrazia forte e compiuta, con un mercato concorrenziale ben funzionante. Le procedure della pubblica amministrazione sono farraginose. Il modo di organizzare gli uffici eccessivamente burocratici e superati.

Si lavora ancora sulla correttezza formale degli adempimenti e non sui risultati.

L'interpretazione di norme, leggi e regolamenti intricatissimi lasciano ampia discrezionalità al singolo funzionario e crea gli spiragli favorevoli per l'infiltrarsi della corruzione.

Ci sono tuttavia anche dei motivi culturali. Lo Stato è spesso percepito, in vaste aree del paese, forse a causa dello storico susseguirsi di dominazioni straniere, come qualcosa di estraneo, di antagonista.

L'arricchimento è considerato dagli italiani come il principale segno di distinzione e di superiorità sociale. L'aristocrazia del denaro è l'unica gerarchia riconosciuta. I soldi facili costituiscono una tentazione cui, ai più, è difficile resistere. Anche il potere si acquisisce col denaro, più che con la competenza.

Il tornaconto personale, l'appartenenza a una famiglia, un clan, una corporazione professionale hanno sempre la meglio, nel Belpaese, sul rispetto per il bene comune e l'interesse collettivo.

Forse persino la nostra appartenenza alla religione cattolica, al contrario di quanto avviene nell'ambito della religione protestante o addirittura calvinista, ci abitua a essere indulgenti verso le nostre debolezze e i nostri peccati, ci invita all'assoluzione invece che alla condanna e all'espiazione.

Valori di civismo molto diffusi in democrazie molto più mature della nostra, trovano da noi un'adesione soltanto formale, di facciata. La vita pubblica italiana scorre da sempre sul doppio binario morale dei vizi privati e delle pubbliche virtù, del predicare bene e razzolare male.

La corruzione, intanto, non soltanto crea ingiustizia, ma danneggia pesantemente anche la vita economica del paese. Quando i giochi sono truccati, a vincere sono i più furbi, non i più bravi.

Se l'azienda che vince un appalto pubblico, per esempio, costruisce opere malfatte, inutili, a costi altissimi, il danno che ne deriva alla collettività è immenso. "Ungere le ruote" diventa la prassi abituale se l'appartenenza a un clan fa premio sul merito; nelle scuole, negli uffici, negli ospedali, nelle aziende, nella vita economica in genere di un paese corrotto, vinceranno i mediocri, mentre i più competenti rischieranno di essere esclusi.

La corruzione si può battere, anzi, si deve battere, se si vogliono vincere le sfide della globalizzazione. Riformando la giustizia, rendendola più celere, riducendo il numero delle leggi, ma aumentando la loro efficacia, migliorando la trasparenza degli atti della pubblica amministrazione; sfoltendo, nello stesso tempo, il numero di funzionari, remunerandoli meglio e rendendo più efficiente il loro lavoro. Inoltre è necessario creare le condizioni per una maggiore collaborazione fra gli stati nel perseguire gli illeciti.

E, soprattutto, bisogna che gli italiani riacquistino i valori di responsabilità e di rispetto verso le regole, nella consapevolezza che l'interesse generale così conseguito, è, in ultima analisi, se soltanto si cerca di superare una visione miope della realtà, l'autentico, vero interesse di tutti noi, cittadini e consumatori.

Il giro articolato e complesso che orbitava attorno alle Grandi Opere, scoperto dalla Procura di Firenze, ha aperto il vaso di Pandora.

Una scoperta davvero drammatica e pesante, soprattutto per un paese come l'Italia che sta tentando di riemergere dalle sabbie mobili di questa crisi e dall'abissale divario economico che subiscono i cittadini con conseguente blocco dell'occupazione, dei consumi e di una vita dignitosa.

Eppure, nonostante la situazione così disastrosa, ecco riaffiorare ancora il marcio italiano, quello fatto di appalti, tangenti e conti gonfiati all'inverosimile per arricchire i soliti noti con la complicità di politici e funzionari compiacenti. E la vergogna più grande è che tutto questo accade mentre ogni giorno organismi e associazioni snocciolano dati drammatici sulle famiglie, sui conti che non tornano mai. Accade quando cittadini protestano contro le Grandi opere, come la Tav, le cui conseguenze sono ben note, mentre una certa politica continua a far finta di non capire e parla di operazioni assolutamente necessarie che porteranno progresso e benessere al Paese. Dal lato opposto cittadini che si oppongono a un'opera del tutto inutile e dannosa che finiscono per essere bollati come "terroristi". Ora le istituzioni non hanno più nessuna giustificazione perché la realtà di una storia che si ripete è fin troppo chiara. Senza parlare di quelle cariche istituzionali che a scandalo annunciato non hanno nemmeno il coraggio di dimettersi, almeno in attesa che sia fatta luce su questa vergognosa vicenda che getta ancora una volta l'Italia nella melma della corruzione.

Il Presidente del Senato Pietro Grasso dice che "la maggioranza dei cittadini è onesta e i corrotti vanno combattuti". E poi: "La politica? Deve correre. Speriamo di recuperare". Ma la speranza si affievolisce ogni giorno che passa, anche perché alla fine chi paga per le malefatte in un Paese dove i furbi si buttano sempre dove tira l'aria politica, mentre i cittadini subiscono nel silenzio e nella rassegnazione?

L'altro giorno i media hanno gridato allo scandalo dei piloti ex Alitalia per aver lavorato all'estero quando erano in cassa integrazione. Sono partiti subito i sequestri com'è giusto che sia e il caso è diventato il capro espiatorio dei mali dell'Italia.

Non sarebbe più onesto affermare che quando è lo Stato a essere preso in giro, le regole siano uguali per tutti e in ogni circostanza? Nessuno alzò un dito quando rimasero a casa ben 12mila dipendenti della stessa compagnia nel 2008, anzi pochissimi puntarono il dito contro quell'accordo che portò alla dissoluzione finale dell'ex compagnia di bandiera con i risultati che abbiamo sotto gli occhi.

Uno Stato che si rispetti dovrebbe prendere a schiaffi, diciamo virtualmente, i corrotti e accarezzare coloro che svolgono il controllo della legalità, cioè i magistrati. Invece purtroppo in Italia è accaduto l'esatto contrario".

"Nel 1994, in piena Tangentopoli, ci si attendeva dal governo un intervento forte di contrasto alla corruzione invece fu approvato un decreto legge che vietava la custodia cautelare in carcere per chi era imputato di corruzione. Così svariati indagati e imputati per corruzione furono scarcerati e andarono agli arresti domiciliari".

Che la legalità nella Pubblica amministrazione fosse un'emergenza, e dunque qualcosa di più di una semplice priorità, era già noto. Tuttavia, lo scandalo di "Mafia Capitale" scoppiato in questi mesi, sembra confermare la mancanza di una reale cognizione del fenomeno corruttivo dilagante nel nostro Paese.

La scoperta da parte delle forze dell'ordine di un business legato ai flussi migratori e alla gestione dei campi di accoglienza per migranti, ha prodotto oggi diversi arresti in tutta Italia tra Sicilia, Lazio, Emilia Romagna e Abruzzo.

"Dalla Procura un lavoro importante e utile per fare chiarezza e rafforzare la legalità nella Pubblica Amministrazione. Da parte nostra, in Regione, in questi due anni, abbiamo fatto di tutto per governare bene, rafforzando la legalità e la trasparenza. Andremo avanti così, sempre più determinati". L'ha dichiarato in una nota il presidente della Regione Lazio, Nicola Zingaretti, commentando la seconda tranche dell'inchiesta su Mafia Capitale che ha nuovamente messo a dura prova la fiducia che i cittadini ripongono nelle istituzioni.

"Siamo davanti ad un sistema di collusione e corruzione inquietante, che ha varcato ogni limite e ha rivelato ciò che tutti sanno da qualche tempo: un sistema che è potuto esistere e consolidarsi solo nella commistione forte con la politica. È evidente quindi che c'è troppa politica che ha fatto finta di non vedere sia le opacità nell'assegnazione degli appalti sia lo smantellamento di servizi". "Quello che si sta scoprendo a Roma, è uno dei volti della moderna criminalità organizzata, che dimostra oggi più che mai come corruzione e mafia siano due facce della stessa medaglia".

Da più parti si è levata a gran voce la richiesta di dimissioni del sindaco Ignazio Marino che di tirarsi indietro non ne vuol sentire neanche parlare: "Sono veramente felice e orgoglioso del lavoro del procuratore Giuseppe Pignatone - ha detto - il quale, dal suo punto di vista, sta svolgendo lo stesso tipo di compito che noi stiamo svolgendo nell'amministrazione". E ancora: "Credo che la politica nel passato abbia dato un cattivo esempio. Oggi, sia in Campidoglio sia in alcune aree strategicamente molto toccate come Ostia, abbiamo persone perbene che vogliono ridare la qualità di vita e tutti i diritti e la dignità che la Capitale d'Italia merita".

Il quadro di corruzione e malaffare, con il suo corollario di tangenti, favori illeciti e scambio politico elettorale, interessa appalti rilevanti che vanno dalla gestione dell'emergenza immigrati alla sanità alla raccolta differenziata e a una molteplicità di servizi pubblici e mostra una gravissima subalternità di esponenti delle istituzioni locali agli interessi criminali".

Quali controlli sono stati eseguiti fino ad oggi? E' importante sottolineare il lavoro fattivo e capillare delle "fiamme gialle". Un'attività silenziosa e costante, dove "non si retrocede mai". Dove il rigore si coniuga con l'intransigenza nei confronti di chi ostacola illegalmente la crescita economica. Una funzione, quella della Guardia di Finanza, ancora più preziosa nel tempo in cui le speranze del Paese di uscire dalla crisi diventano, giorno dopo giorno, occasioni da non farsi scappare.

E per il 2014 i numeri, contenuti nel Rapporto Annuale delle Fiamme Gialle, confermano un impegno capace di identificare oltre 3700 responsabili di reati contro la Pubblica Amministrazione. Di individuare sprechi per oltre 2,6 miliardi di euro e frodi ai finanziamenti pubblici e al welfare per 1,5 miliardi. Di sottrarre alla criminalità organizzata quattro miliardi di euro. Di scoprire ottomila evasori totali e tredicimila responsabili di reati fiscali. Di arrestare 389 trafficanti di esseri umani. Un lavoro a tutto campo per restituire equità al mercato italiano Partiamo dal quotidiano. Dalla lotta alle frodi fiscali e all'economia sommersa. I cardini del lavoro dei finanzieri. Nello scorso anno i reati tributari scoperti sono stati 13062. Quasi un miliardo e duecento milioni di euro il valore dei beni sequestrati. Dodicimila i lavoratori in nero che sono stati scoperti. Mentre sono stati individuati oltre cinquemila datori di lavoro che hanno utilizzato manodopera illegale o irregolare. Per un lavoro fatto d'indagini e accertamenti che non punta solo al recupero di beni, ma anche a contrastare i fenomeni illeciti connessi: dall'immigrazione clandestina alla produzione e al commercio di articoli con marchi contraffatti. Poi il controllo della spesa pubblica.

Dai contributi alle imprese nazionali ed europee ai finanziamenti del servizio sanitario, fino al controllo sulle risorse utilizzate per gli appalti pubblici a quelle che si riferiscono al sistema previdenziale. Né più né meno che le dinamiche dove spesso e volentieri si nasconde la corruzione. Su questo terreno il lavoro della Guardia di Finanza assume un rilievo fondamentale per il rilancio del sistema Italia.

Nello specifico: per quanto riguarda gli appalti pubblici, gli interventi eseguiti sono stati 210. Quasi mille le persone denunciate di cui 44 ancora in stato d'arresto. Nel corso dei controlli è emerso che le somme assegnate in modo irregolare sono state quasi di un miliardo e ottocento milioni di euro.

Fondamentale anche il lavoro sui traffici commerciali. Che nel nostro Paese equivale a dire: la lotta al contrabbando. I sequestri nel 2014 sono stati notevoli: 1238 tra mezzi navali e terrestri, 200 tonnellate di sigarette e 129 di droga. E sempre per quanto riguarda la lotta agli interessi della criminalità organizzata, da segnalare i numeri della lotta contro il gioco illegale. Oltre mille le "macchinette" sequestrate mentre i punti clandestini di raccolta-scommesse scoperti e chiusi sono stati 3116. Ma l'aggressione dei patrimoni della criminalità passa anche attraverso la lotta al riciclaggio – 1483 le persone denunciate – e all'usura: 477 gli interventi eseguiti nel 2014. E le risorse messe in campo per seguire le tracce che conducono a quei "reati che generano profitti", sono state ingenti.

Altro capitolo, quello che si riferisce alla difesa dei consumatori. Su questo terreno la strategia operativa si compone di tre linee guida: il presidio degli spazi doganali, il "controllo economico del territorio" rappresentato dalle pattuglie in strada e la ricostruzione della "filiera del falso". E l'anno trascorso hanno visto sia il potenziamento delle attività del "117" sia l'introduzione del Siac, il Sistema Informativo Anti Contraffazione: si tratta di una piattaforma informatica per il supporto delle attività operative che offre ai cittadini "informazioni e consigli utili sul mondo della contraffazione" e, contemporaneamente, consente ai titolari dei marchi di "concorrere fattivamente nel contrasto dei traffici illeciti sul territorio".

Anche Papa Francesco, durante la visita pastorale di quest'anno a Torino, ha parlato dell'importanza di dire no alla corruzione e all'"idolatria del denaro, che spinge a entrare a tutti i costi nel numero dei pochi che, nonostante la crisi, si arricchiscono, senza curarsi dei tanti che s'impoveriscono, a volte fino alla fame". La corruzione, ha detto, è "tanto diffusa che sembra essere un atteggiamento, un comportamento normale". A questo dobbiamo opporci "non a parole, ma con i fatti".

CONCLUSIONE

I mali che affliggono gli Italiani? Burocrazia e inefficienza.

Da uno studio recente realizzato sui principali "mali" del nostro Paese, è venuto fuori un quadro molto negativo, dal quale burocrazia, giungla normativa e costi amministrativi, sono problemi a corollario di altri problemi ancora più gravi: economia sommersa, evasione fiscale e inefficienza d'istituzioni e infrastrutture. La ricerca è stata eseguita su dati della Banca Mondiale e del Forum economico mondiale. Da un confronto con altri Paesi dell'Unione Europea, l'Italia si configura come segue:
- ultima in classifica in merito all'efficienza del sistema giudiziario (preceduta da Grecia, Slovacchia, Slovenia e Messico);

- penultima nella graduatoria per capacità di risolvere le controversie tra imprese;
- agli ultimi posti per diffusione di pagamenti irregolari e tangenti, e per costi e tempi di adempimento degli obblighi fiscali (il numero di ore è quasi cinque volte superiore a quello del Lussemburgo);
- agli ultimi posti sulla qualità dei servizi pubblici, evidenziando un basso livello delle istituzioni, scarsa trasparenza, spreco di risorse, eccesso di ordinamento e un peso eccessivo della burocrazia.

Anche riguardo al tempo di attesa per una sentenza di fallimento o insolvenza il nostro paese registra un valore molto elevato, raddoppiato rispetto al 2000, cinque volte maggiore.

La situazione, per quanto riguarda le infrastrutture (strade, ferrovie, porti e trasporto aereo) è sconfortante: l'Italia si colloca all'ultimo posto tra ventisei paesi, lontana anni luce da Francia e Germania, rispettivamente prima e quinta, e superata da Spagna, Grecia e Irlanda. Solo scuola e sanità si salvano, sebbene il sistema educativo presenti grosse lacune nell'istruzione scientifica e nella diffusione del web.

Tutti questi fattori, hanno un impatto rile-
vante nel proliferare dell'economia sommersa
e dell'evasione fiscale, con effetti devastanti
sia per quanto concerne il debito pubblico,
sia per quanto concerne le tanto attese riforme, necessarie per uscire dal rischio default).

Nota biografica dell'autore

Giuseppe Ciccia (1947) è nato a Selargius (Cagliari), dove vive e lavora. Amante della propria terra e dei diritti dell'uomo, appassionato di cultura e tradizioni, sensibile ai problemi umani e alle condizioni dei poveri, specialmente gli "ultimi". E' sposato e padre di due figli.

Dello stesso autore

1. *Viaggio in Africa (2014)*
2. *Viaggio a Fatima (2014)*
3. *Gesù e il cieco di Gerico: Le parabole a fumetti (2014)*
4. *Viaggio in Terrasanta (2014)*
5. *Amare il prossimo (2014)*
6. *Cos'è l'uomo? (2014)*
7. *Dove va il mondo? (2015)*
8. *Ti racconto una storia (2015)*
9. *Storie bonsai (2015)*
10. *Essere felice (2015)*
11. *Pensieri e parole (2015)*
12. *I miei viaggi (2015)*
13. *Storie da raccontare (2015)*
14. *Frammenti storici del transito di Sant'Agostino a Cagliari...(2015)*
15. *I mali che affliggono gli Italiani (2015)*
16. *Una vita da extracomunitario (2015)*

In Libreria digitale e in Ebook
AMAZON.IT

Finito di stampare nel mese di giugno 2017